« Je crois que ce que je fais, et ce que font la plupart des artistes, c'est utiliser la tension entre ce qui est dit et ce qui ne l'est pas comme une composante de l'œuvre. »

"I think that what I am doing and what most of us probably do, is to use the tension between what you tell and what you don't tell as part of the work."

Bruce Nauman

BRU
CE

Fondation *Cartier*
pour l'art contemporain

NAU
MAN

9 *For Children/Pour les enfants*
2015
For Beginners (Instructed Piano)
2010
Texte de / Text by Joan Simon

33 *Pencil Lift/Mr. Rogers*
2013
Texte de / Text by Joan Simon

57 *Anthro/Socio (Rinde Facing Camera)*
1991
Texte de / Text by Robert Storr

77 *Carousel (Stainless Steel Version)*
1988
Texte de / Text by Robert Storr

101 *Untitled 1970/2009*
Texte de / Text by Robert Storr

119 Annexes / Appendices

Cet ouvrage est publié à l'occasion de l'exposition *Bruce Nauman* présentée à la Fondation Cartier pour l'art contemporain à Paris du 14 mars au 21 juin 2015.

This book was published on the occasion of the exhibition *Bruce Nauman*, presented at the Fondation Cartier pour l'art contemporain in Paris from March 14 to June 21, 2015.

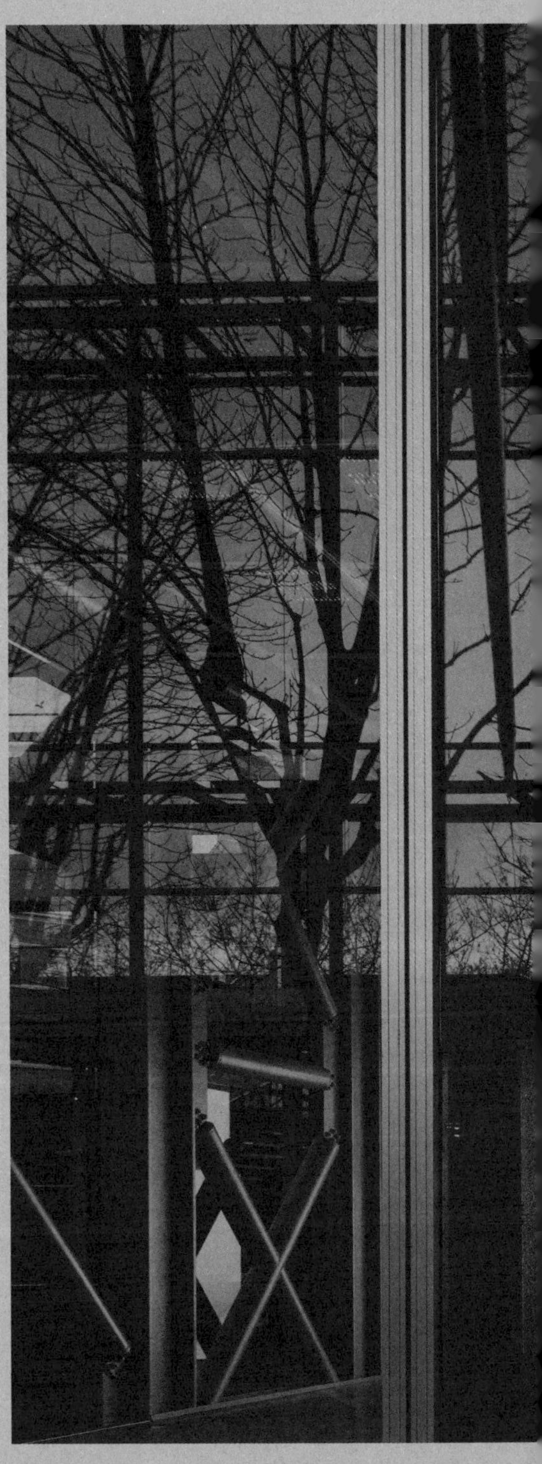

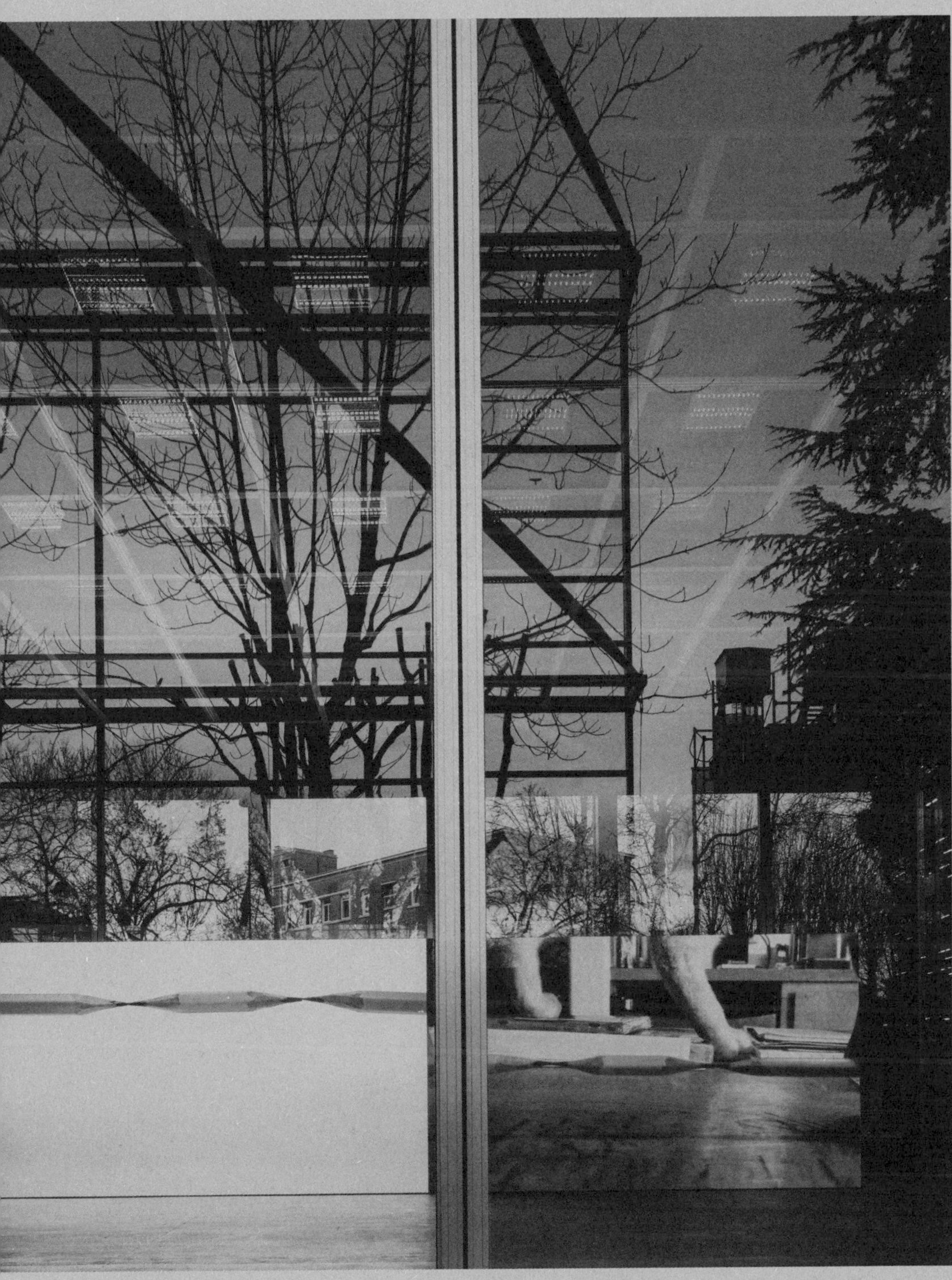

For Children / Pour les enfants

2015

For Beginners (Instructed Piano)

2010

***For Children/Pour les enfants*, 2015**
2 enregistrements sonores diffusés
par 4 haut-parleurs
2 sound recordings played through
4 speakers
1 min 57, en boucle / looped
Courtesy Sperone Westwater, New York

***For Beginners (Instructed Piano)*, 2010**
Enregistrement sonore diffusé
par 4 haut-parleurs
Sound recording played through
4 speakers
Interprétation de / Interpretation by
Terry Allen
23 min 26, en boucle / looped
Courtesy Sperone Westwater, New York

***For Children/For Beginners*, 2009**
Graphite sur papier / Graphite on paper
77×56 cm (chaque / each)
Courtesy Sperone Westwater, New York

—

Expositions / Exhibitions

2015
Bruce Nauman, Fondation Cartier pour l'art contemporain, Paris

2011
Bruce Nauman: Für Kinder/ Beschriebene Kombinationen, Konrad Fischer Galerie, Berlin; Konrad Fischer Galerie, Düsseldorf (2015)

2010
Bruce Nauman: For Children/ For Beginners, Sperone Westwater, New York

Pages suivantes / Following pages :
For Children/Pour les enfants, 2015
Fondation Cartier pour
l'art contemporain, Paris, 2015

For children

Pour les enfants

For children

Pour les enfants

For children

Pour les enfants

For children

Pour les enfants

For children

Pour les enfants

For children

Pour les enfants

For children

Pour les enfants

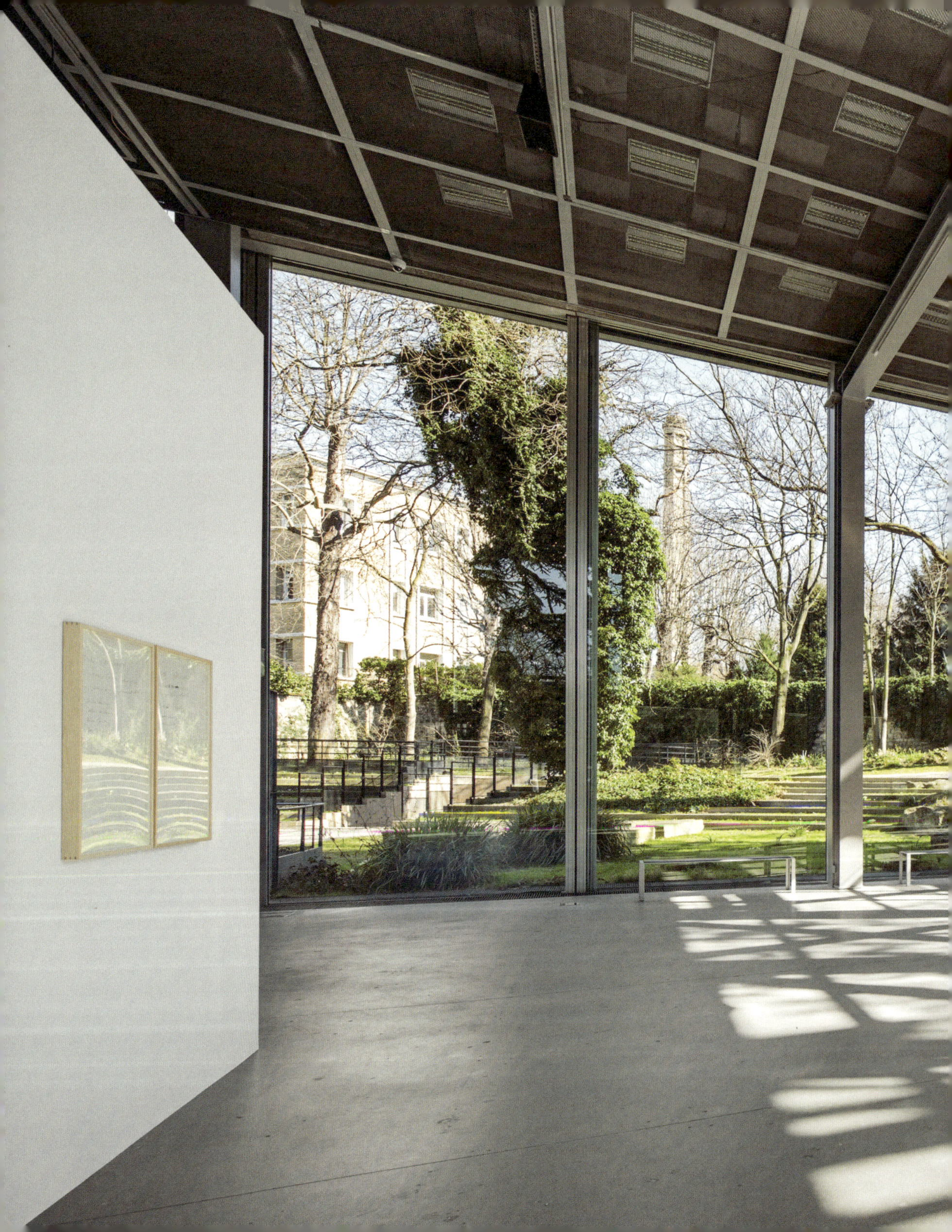

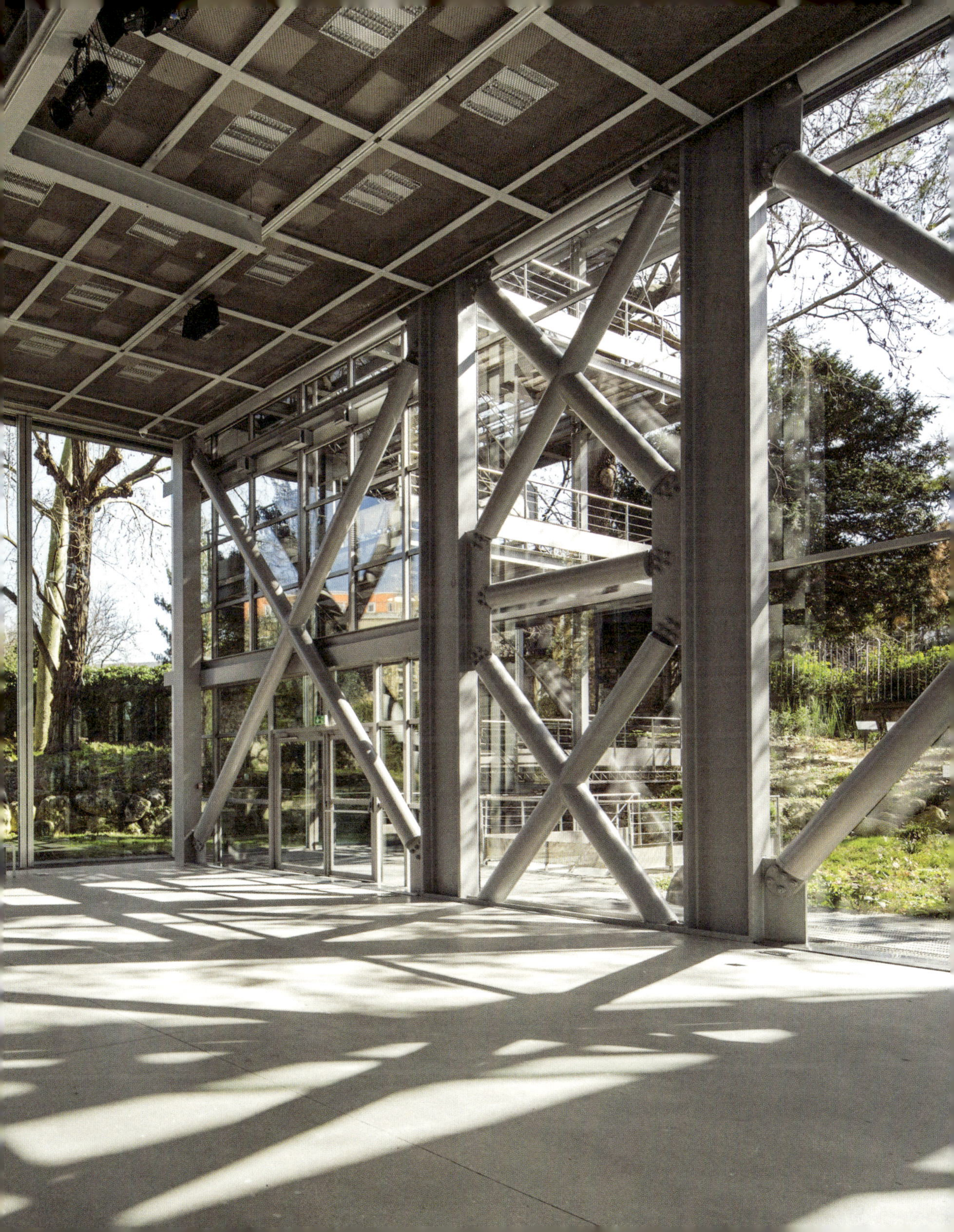

For Children/For Beginners, 2009
Graphite sur papier / Graphite on paper
77 × 56 cm (chaque / each)

Pages suivantes / Following pages :
For Beginners (Instructed Piano), 2010
Fondation Cartier pour l'art contemporain,
Paris, 2015

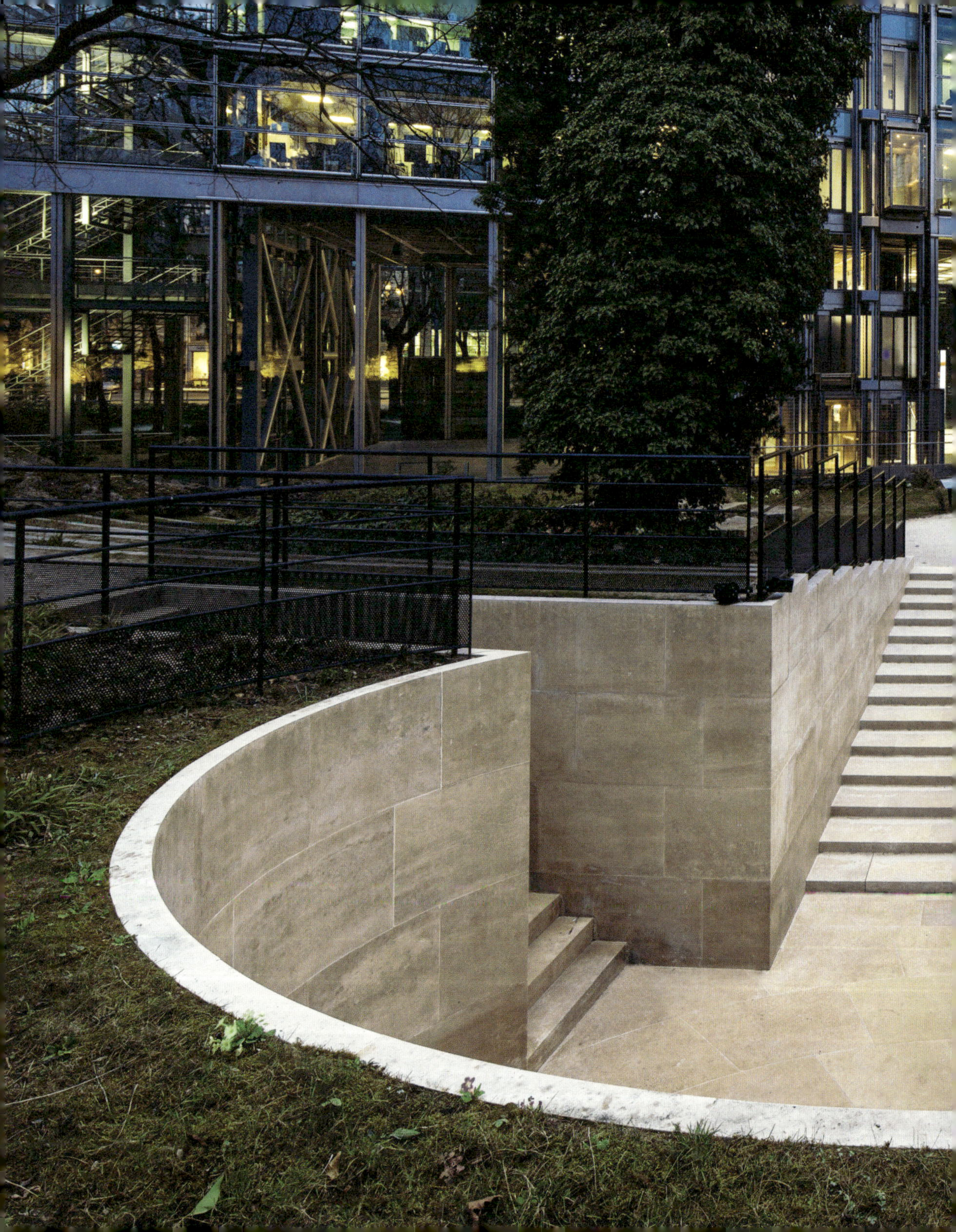

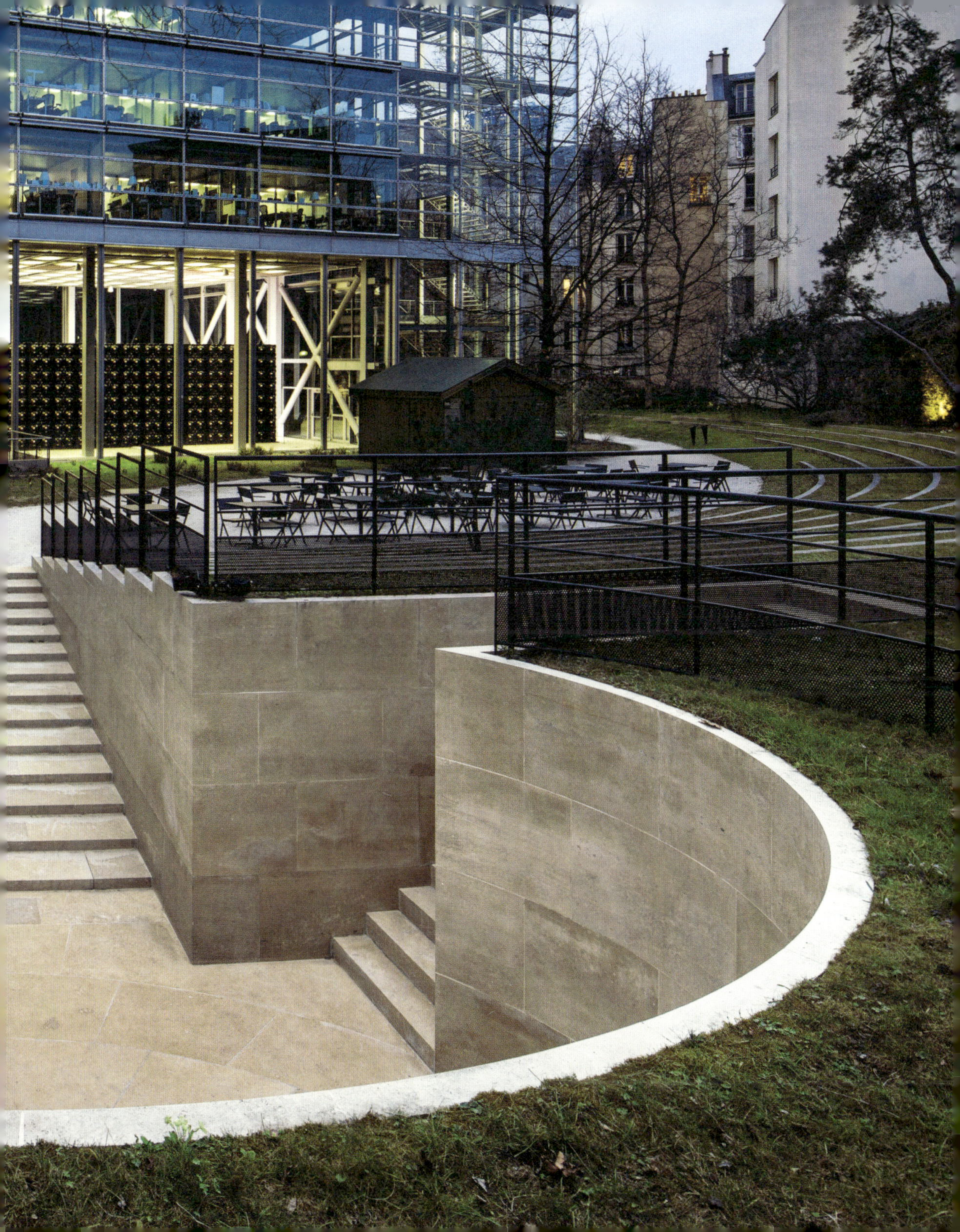

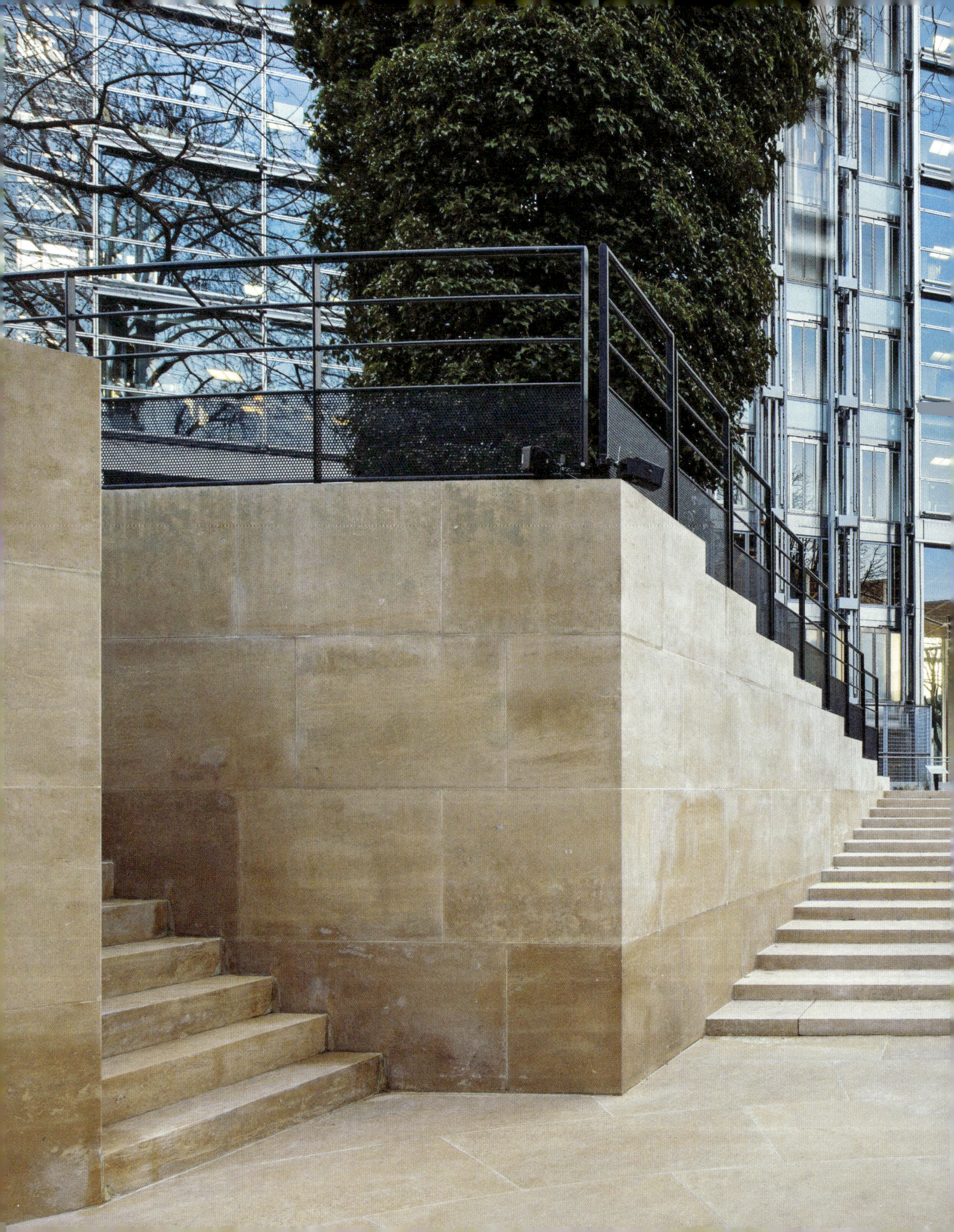

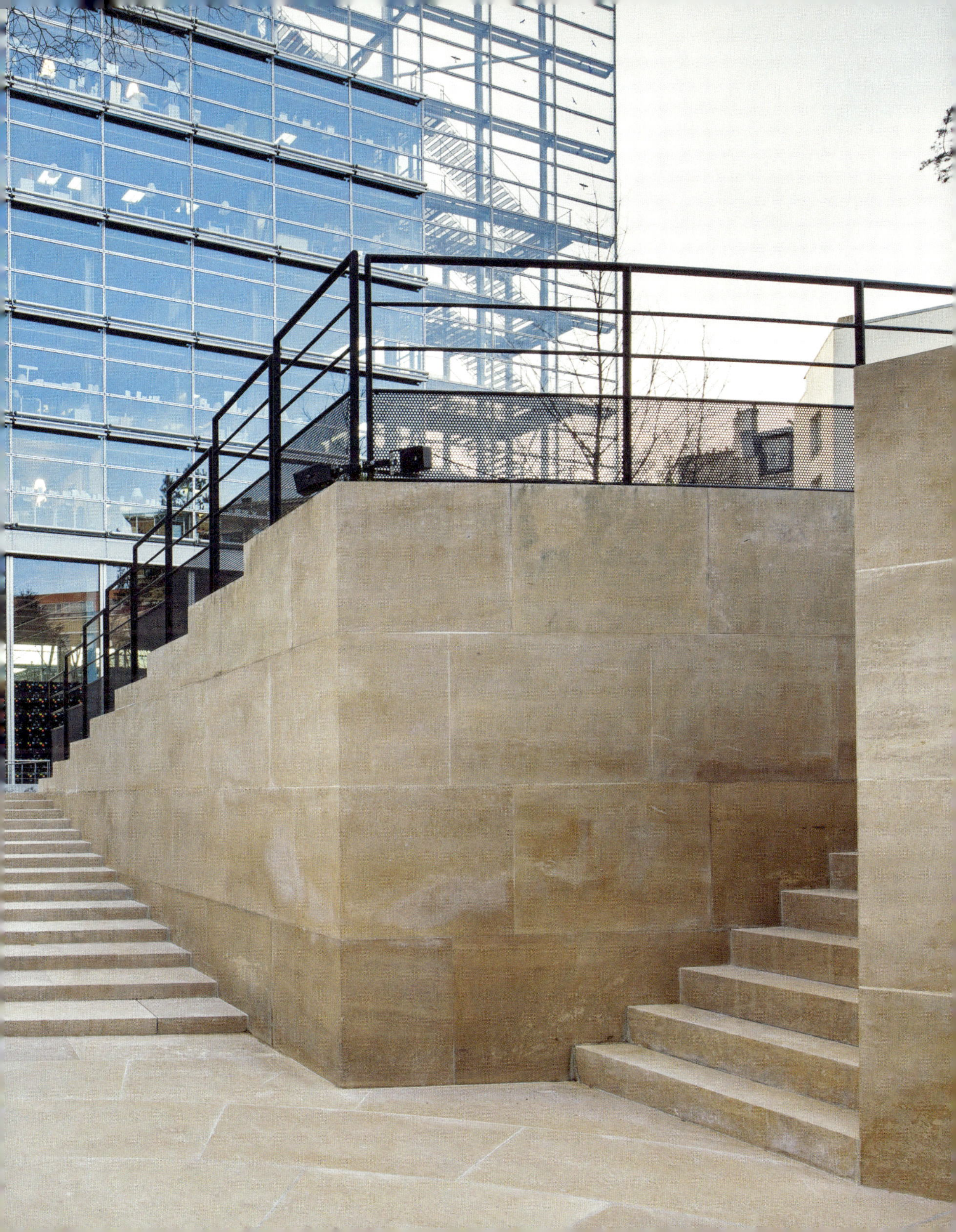

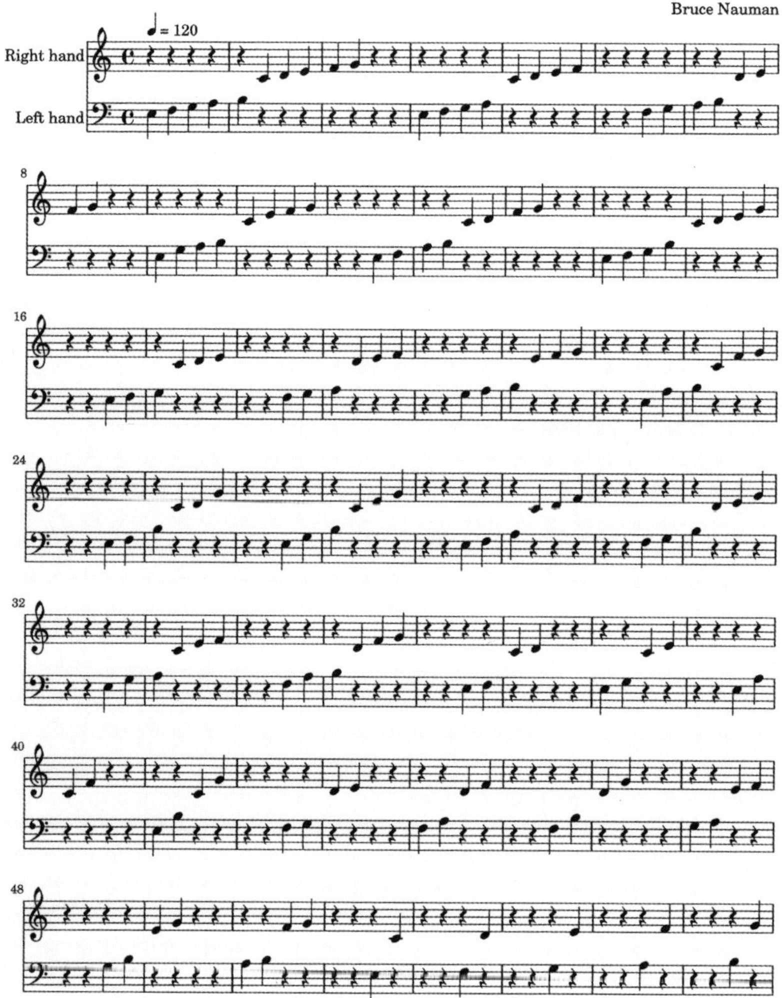

For Beginners, 2010
Partition de l'œuvre / Sheet music for the work

For Beginners (descending)

Bruce Nauman

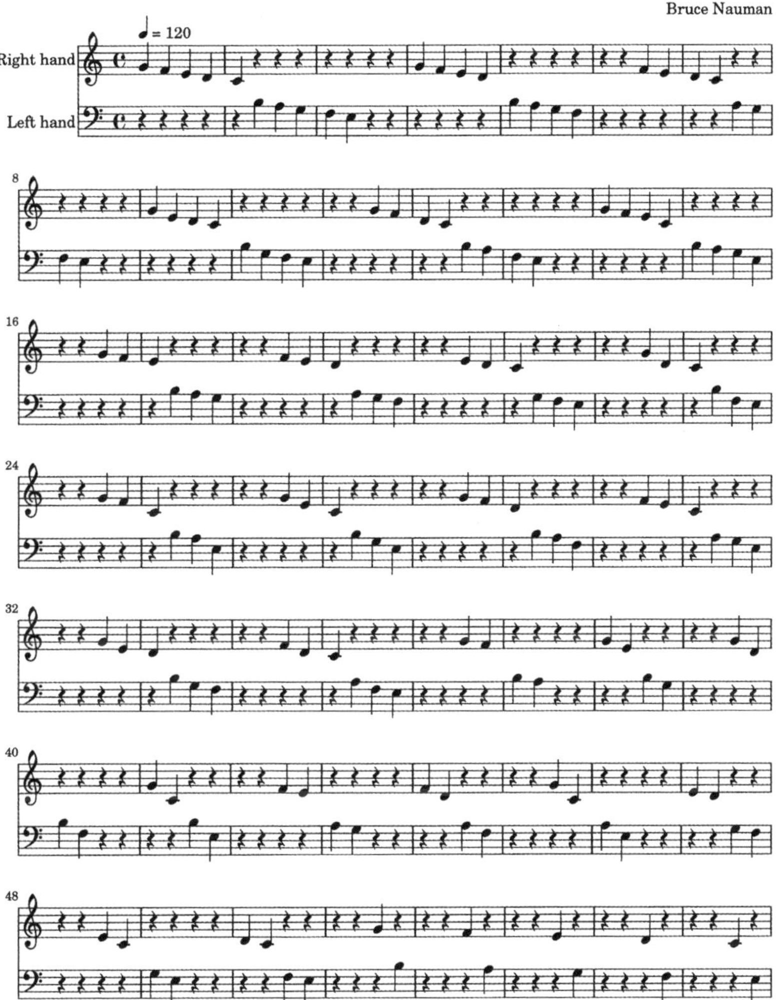

For Beginners

Combinaisons des doigts de la main gauche (piste 2)
Combinations of the fingers of the left hand (track 2)
(unisson / unison)

LH1

combinations of 5 (1)

1
4th finger
3rd finger
2nd finger
1st finger
thumb

combinations of 4 (5)

1
4th finger
3rd finger
2nd finger
1st finger

2
3rd finger
2nd finger
1st finger
thumb

3
4th finger
2nd finger
1st finger
thumb

LH2

4
4th finger
3rd finger
1st finger
thumb

5
4th finger
3rd finger
2nd finger
thumb

combinations of 3 (10)

1
4th finger
3rd finger
2nd finger

2
3rd finger
2nd finger
1st finger

3
2nd finger
1st finger
thumb

4
4th finger
1st finger
thumb

LH3

5
4th finger
3rd finger
thumb

6
4th finger
2nd finger
thumb

7
4th finger
3rd finger
1st finger

8
3rd finger
2nd finger
thumb

9
4th finger
2nd finger
1st finger

10
3rd finger
1st finger
thumb

LH4

combinations of 2 (10)

1
4th finger
3rd finger

2
4th finger
2nd finger

3
4th finger
1st finger

4
4th finger
thumb

5
3rd finger
2nd finger

6
3rd finger
1st finger

7
3rd finger
thumb

8
2nd finger
1st finger

LH5

9
2nd finger
thumb

10
1st finger
thumb

combinations of 1 (5)

1
4th finger

2
3rd finger

3
2nd finger

4
1st finger

5
thumb

Combinaisons des doigts de la main droite (piste 1)
Combinations of the fingers of the right hand (track 1)
(**unisson** / unison)

RH1

combinations of 5 (1)

1
thumb
1st finger
2nd finger
3rd finger
4th finger

combinations of 4 (5)

1
thumb
1st finger
2nd finger
3rd finger

2
1st finger
2nd finger
3rd finger
4th finger

3
thumb
2nd finger
3rd finger
4th finger

RH2

4
thumb
1st finger
3rd finger
4th finger

5
thumb
1st finger
2nd finger
4th finger

combinations of 3 (10)

1
thumb
1st finger
2nd finger

2
1st finger
2nd finger
3rd finger

3
2nd finger
3rd finger
4th finger

4
thumb
1st finger
4th finger

RH3

5
thumb
3rd finger
4th finger

6
thumb
2nd finger
4th finger

7
thumb
1st finger
3rd finger

8
1st finger
2nd finger
4th finger

9
thumb
2nd finger
3rd finger

10
1st finger
3rd finger
4th finger

RH4

combinations of 2 (10)

1
thumb
1st finger

2
thumb
2nd finger

3
thumb
3rd finger

4
thumb
4th finger

5
1st finger
2nd finger

6
1st finger
3rd finger

7
1st finger
4th finger

8
2nd finger
3rd finger

RH5

9
2nd finger
4th finger

10
3rd finger
4th finger

combinations of 1 (5)

1
thumb

2
1st finger

3
2nd finger

4
3rd finger

5
4th finger

Les débuts du début

Joan Simon

Fin 2009, après la clôture de la LIIIe Biennale de Venise, lors de laquelle Bruce Nauman avait reçu le Lion d'or de la meilleure participation nationale pour son projet *Topological Gardens* (dix ans après avoir reçu un Lion d'or pour l'ensemble de sa carrière), le critique d'art américain Peter Plagens a demandé à l'artiste s'il s'était remis à travailler. Ce dernier lui a répondu : « J'ai eu du mal à me remettre au travail, comme toujours. Une sorte de dépression s'installe lorsque je ne travaille pas ; ce n'est pas une dépression clinique, juste un sentiment d'accalmie provoqué par le désœuvrement. » Puis il a ajouté : « Béla Bartók a composé une série de partitions de piano pour les enfants intitulée *Pour les enfants*. Ce sont des compositions sérieuses, mais adaptées aux petites mains des enfants dont l'amplitude est réduite. Ces mots, "pour les enfants", se sont mis à résonner dans ma tête. Je me suis donc lancé dans la création d'une pièce sonore… Une petite pièce, mais c'est un début. »

Aux compositions pour enfants de Béla Bartók s'ajoute une lecture qui a également nourri l'inspiration de Bruce Nauman pour ce nouveau projet : « J'étais en train de lire un livre et sur la page intitulée "Du même auteur" figurait une liste d'œuvres de fiction rangée sous la catégorie "Romans", suivie d'une liste de livres pour enfants apparaissant sous la catégorie "Pour les enfants". À la lecture des mots "pour les enfants", je me suis rappelé les partitions de Béla Bartók. Elles sont bien plus intéressantes que les manuels d'initiation classiques car elles s'inspirent de mélodies traditionnelles hongroises et les rythmes sont plus complexes. Quand mon fils Erik apprenait le piano et que j'étais encore capable de jouer de la guitare, nous les jouions en duo. C'était amusant. Ces moments me sont revenus en mémoire. Alors j'ai continué à me demander quel type de matériel d'apprentissage je pourrais bien créer pour les enfants, et finalement la seule chose que je faisais était de répéter les mots "pour les enfants". »

Dans *For Children* (2010), la pièce sonore née de cette réflexion, l'artiste répète en boucle les mots « for children » [« pour les enfants »]. Lorsque cette œuvre a été présentée pour la première fois dans l'exposition *Bruce Nauman: For Children/ For Beginners* à la galerie Sperone Westwater de New York en 2010, le son était diffusé en stéréo dans une salle vide par quatre haut-parleurs dissimulés dans les murs. Un an plus tard, pour la présentation de la version allemande intitulée *Für Kinder* à la Konrad Fischer Galerie de Berlin, un seul haut-parleur a été utilisé. En mars 2015, pour la présentation de la version bilingue *For Children/Pour les enfants* (2015) à la Fondation Cartier pour l'art contemporain à Paris, les mots sont prononcés

Toutes les citations de Bruce Nauman proviennent de conversations avec l'auteur réalisées en 1988, 2010 et 2015, ainsi que de l'ouvrage de Peter Plagens *Bruce Nauman: The True Artist* (Phaidon Press, Londres, 2014, p. 266).

Beginning Beginning

Joan Simon

At the end of 2009, following the close of the 53rd Venice Biennale where Bruce Nauman had been the United States' official representative with his project *Topological Gardens* (for which he was awarded the Golden Lion for best national participation a decade after he was awarded a Lifetime Golden Lion at the 48th Biennale), American art critic Peter Plagens asked if he had started to work again: "It's been hard to get back to work, as it always is. There's a kind of depression when I'm not working, but it's not a clinical depression, it's just a feeling of a lull because I am not working." Then he added, "Béla Bartók wrote a series of instructional piano pieces called *For Children*. They were serious compositions, but made so that a child's hands, which have a small reach, could get to the keys. That phrase, 'For Children,' kept repeating itself in my head. So I've been working on a sound piece ... It's a small piece, but it's a start."

As well as Bartók's instructional piano piece, Nauman found inspiration for his next project in a book: "I was reading a book and in the title pages there was a list of fiction the person had written and it said 'Novels,' and then it said 'For Children,' a list of children's books that the person had written. And when I read 'For Children' it reminded me of Bartók's pieces. They were more interesting than sort of 'Dick and Jane' because they were based on Hungarian folk tunes and the rhythms were a little more interesting. I used to play those when my son Erik was learning to play the piano and I could still play the guitar and we turned them into duets. That was fun. I remembered that. So I just kept thinking about what could I do as a kind of instructional material for children, and in the end all I did was repeat 'for children'."

In the resulting sound piece *For Children* (2010), the artist continually repeats the words "for children." When first shown in the exhibition *Bruce Nauman: For Children/For Beginners* at Sperone Westwater in New York in 2010, the stereo audio was heard in an empty room, its four speakers hidden in the walls. One year later, a single voice was used for the German version, titled *Für Kinder*, at Konrad Fischer Galerie in Berlin. Now in a new bilingual duet for the French variation, *For Children/Pour les enfants* (2015), presented at the Fondation Cartier pour l'art contemporain in Paris in March 2015, the words are spoken in English by Bruce Nauman (on the left channel of this two-track stereo piece) and in French by Hervé Chandès (on the right channel), General Director of the Fondation Cartier.

As installed at the Fondation Cartier, with the four speakers ceiling mounted in an area that is roughly a square, "for children" is heard from two speakers located at the points at the end of a diagonal that would bisect the square, while

All quotations by Bruce Nauman are from conversations with the author in 1988, 2010, and 2015, and an excerpt from Peter Plagens, *Bruce Nauman: The True Artist* (London: Phaidon Press, 2014), p. 266.

en anglais par Bruce Nauman (sur le canal gauche de la piste stéréo) et en français par Hervé Chandès, le Directeur Général de la Fondation Cartier (sur le canal droit).

À la Fondation Cartier, les quatre haut-parleurs sont fixés au plafond dans chacun des coins de l'espace d'exposition. Les mots « for children » sont diffusés par deux haut-parleurs placés aux extrémités d'une diagonale traversant la salle rectangulaire, tandis que les mots « pour les enfants » résonnent aux extrémités de l'autre diagonale, les deux voix entrecroisées créant ainsi une sorte de mantra méditatif. Au début de leur parcours le long du périmètre de cette salle aux parois de verre, les visiteurs n'entendent qu'une seule voix émise par l'un des haut-parleurs mais, alors qu'ils poursuivent leur chemin d'une enceinte à l'autre, ils entendent un fondu enchaîné entre les deux sons – tandis que l'un disparaît progressivement, l'autre apparaît.

Douces, apaisantes, voire réconfortantes, les deux voix se chevauchent dans un jeu de questions-réponses dont la répétition en continu n'est pas sans rappeler les expressions que les enfants eux-mêmes aiment déclamer à l'infini ou les ritournelles qu'ils apprennent par cœur à l'école, ou encore – activités certainement beaucoup moins appréciées – la récitation des tables de multiplication ou les exercices d'épellation. Mais pour les adultes, le ton calme, presque religieux de ces litanies semble également mettre en avant ce qui n'est pas dit, à savoir tous les mots qui pourraient précéder l'expression « pour les enfants », toutes ces choses qu'il faut continuellement faire pour les enfants dont on s'occupe. Peuvent également leur venir à l'esprit les objets ou les œuvres créés spécialement pour les enfants, comme la partition qui a inspiré cette œuvre.

Également présentée dans les espaces d'exposition de la Fondation Cartier, l'installation *For Beginners (Instructed Piano)* (2010) est une pièce sonore interprétée par Terry Allen, un ami de Bruce Nauman qui est artiste, écrivain, compositeur, musicien et conteur. Comme *For Children*, cette œuvre a été présentée pour la première fois dans un espace vide, à l'occasion de l'exposition *Bruce Nauman: For Children/For Beginners* à la galerie Sperone Westwater de New York en 2010. Lors de cette exposition, le son était diffusé dans l'ascenseur de la galerie, véritable « salle mouvante », par des haut-parleurs escamotés. À la Fondation Cartier, la pièce sonore est installée à l'extérieur, dans un amphithéâtre en pierre que l'on aperçoit depuis la salle dans laquelle est présentée l'œuvre *For Children/Pour les enfants*, et les haut-parleurs ne sont pas dissimulés.

Béla Bartók est aussi à l'origine de *For Beginners (Instructed Piano)* mais Bruce Nauman s'est inspiré pour cette œuvre de *Mikrokosmos* (1926-1939), une série de 153 pièces pour piano qui, comme il l'explique, « ont été composées pour des adultes ou des personnes plus âgées apprenant à jouer du piano ».

Pour jouer les notes de *For Beginners* – sur seulement dix touches du clavier –, Terry Allen a suivi les instructions de Bruce Nauman indiquant les combinaisons

1. *Fifteen Pairs of Hands*, 1996
2. *For Beginners (All the Combinations of the Thumb and Fingers)*, 2010

1.
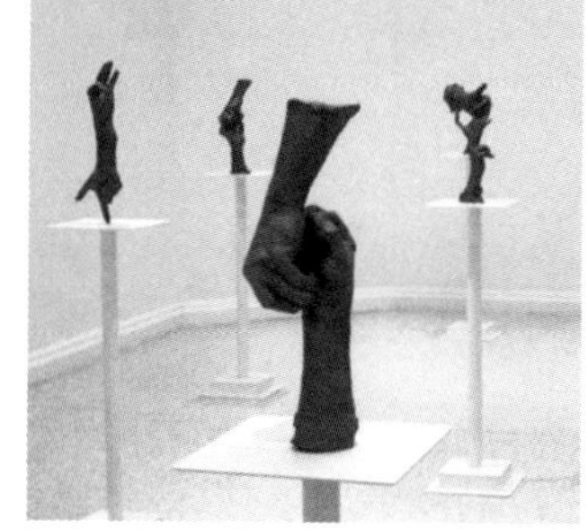

2.
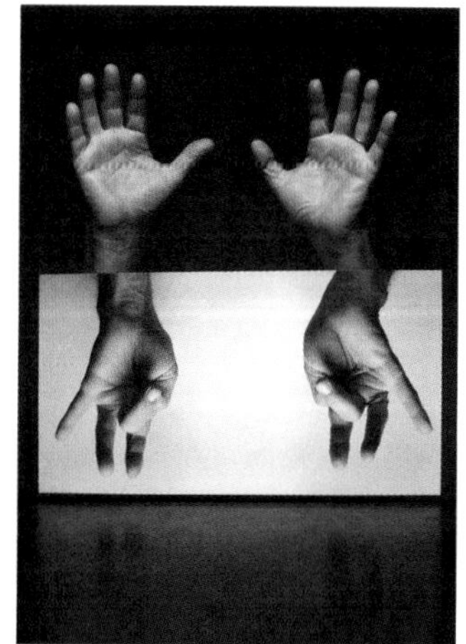

"pour les enfants" is emitted from the other two points that would create a diagonal, both voices creating a sort of meditative mantra. Walking around the glass-paneled room, following a path near the perimeter under this imagined square, visitors will hear the individual voice from any one speaker but, as they move continuously in the same direction from one speaker to another, will also hear a cross fade between them — as one fades in, the other fades out.

Gentle, calming, even soothing, both voices set up a slightly overlapping call and response, and the endless repeats are not unlike the phrases that children themselves enjoy saying aloud ad infinitum while reminiscent also of the rote repeats of early schooling — such as saying aloud their multiplication tables or spelling exercises — which they likely enjoy far less. But for an adult, the quiet, almost prayerful tone of the repeats also seems to emphasize what is not said, the missing phrase(s) that might precede "for children": any of the things that need to be repeatedly done for those in their care. They may also be reminded of actual things made for or works written for them, such as the piece of music that inspired this work.

Also presented at the Fondation Cartier, the installation *For Beginners (Instructed Piano)* (2010) is an audio piece performed by Nauman's friend, fellow artist, writer, composer, musician, and storyteller Terry Allen. Like *For Children*, it was initially exhibited in an otherwise empty room when it was presented in 2010 at Sperone Westwater in *Bruce Nauman: For Children/For Beginners*. For that show the sound was emitted from invisible speakers within the gallery's distinctive "moving room" elevator. For the Fondation Cartier, the sound work is installed outdoors, in a stone amphitheater that can be seen from the room where *For Children/Pour les enfants* is presented, and played via visible speakers.

Bartók's work also influenced *For Beginners (Instructed Piano)*, with Nauman taking inspiration from *Mikrokosmos* (1926–39), a series of 153 progressive piano pieces, which, as he says, "was written for adults or more mature people learning to play the piano."

To play the notes using only ten keys of the piano, Terry Allen followed Nauman's instructions for which finger combinations to use. If in some sense Nauman could be seen as playing the teacher and Allen the student, Nauman's own memory of the purpose and process is more pragmatic: "I just needed somebody who had a piano and who could try and do it. So I asked Terry if he knew anybody who would want to do it and he said 'Well, I can try.' So he did."

Nauman's use of his own hands as subject has long been a part of his practice; immediately prior to his works *For Children* and *For Beginners*, he exhibited his series of white bronze sculptures entitled *Fifteen Pairs of Hands* (1996) (1), variations of his paired hands poised in various recombinations of hand and different fingers touching, in one of the US Pavilion galleries in Venice.

Nauman's hands are also seen in the video installation *For Beginners (All the Combinations of the Thumb and Fingers)* he created in 2010 (2), and Terry Allen used the finger exercises seen in this projection for *For Beginners (Instructed Piano)*. "The actual movement of my fingers in the video is based on the combinations of the four fingers and the thumb. And there are I think thirty-one of them. And so I did that, and variations on that, and all it is is following the instructions of doing those movements. In the end it has nothing to do with music or Bartók. It is just a physical activity to be followed." Nauman made yet another variation on this theme in his video installation *Studio Mix* (2010): "It's a combination of everything and what it basically does is duplicate what the configuration was when we shot it in the studio so that the hands are just life size, projected on a rear-projection screen that's the same size as the cardboard I was using as a backdrop for the video."

At the Fondation Cartier, the diptych of drawings titled *For Children/For Beginners* (2009) hangs in the same room where *For Children/Pour les enfants*, which it predates, plays. Within the drawing, at left, are sketchy pencil notes for *For Children*; at right, those for *For Beginners (Instructed Piano)*. Both are in the form of lists. They seem to have been written quickly, with a light hand, so much so that the words are often difficult to make out and fairly easy to misread. A transcription is helpful not only for clarity, but also to more fully understand Nauman's repetitions (and his variations on them), as well as to hear and see the subtleties of his word play.

For Children

Spoken words—two voices

de doigts à effectuer. Si, en un sens, Bruce Nauman peut être perçu comme jouant le rôle du professeur et Terry Allen celui de l'élève, le souvenir que Bruce Nauman garde de l'objectif et du processus de réalisation de cette œuvre est bien plus pragmatique : « J'avais juste besoin de quelqu'un qui possède un piano et qui accepte de se livrer à cette expérience. J'ai donc demandé à Terry s'il connaissait quelqu'un que cela intéresserait et il a répondu : "Moi, je veux bien essayer." Et nous nous sommes lancés. »

Depuis longtemps, Bruce Nauman accorde une place centrale à ses propres mains dans sa pratique artistique. Juste avant de créer *For Children* et *For Beginners*, il a exposé dans l'une des galeries du Pavillon américain de la Biennale de Venise sa série de sculptures en bronze blanc intitulée *Fifteen Pairs of Hands* (1996) (1), représentant ses deux mains dans différentes positions avec des combinaisons de doigts variées.

Les mains de Bruce Nauman apparaissent également dans l'installation vidéo *For Beginners (All the Combinations of the Thumb and Fingers)* créée en 2010 (2). Ce sont ces exercices de doigté que Terry Allen a suivis pour jouer la partition de *For Beginners (Instructed Piano)*. « Le mouvement de mes doigts dans cette vidéo repose sur les combinaisons que l'on peut effectuer avec le pouce et les quatre doigts de la main. Il y en a trente et une, je crois. Je les ai toutes exécutées et j'en ai fait plusieurs variations. En fait, il suffit de suivre les instructions pour effectuer ces mouvements. Finalement, cela n'a à voir ni avec la musique ni avec Béla Bartók. Il s'agit juste d'un exercice physique à réaliser. » Bruce Nauman a créé une autre variation sur ce thème avec son installation vidéo *Studio Mix* (2010). « C'est une combinaison de toutes ces œuvres et l'installation consiste simplement en une recréation de la situation de tournage dans l'atelier, de telle sorte que mes mains apparaissent exactement grandeur nature, le tout diffusé sur un écran de rétroprojection qui a la même taille que le carton que j'ai utilisé comme fond pour réaliser la vidéo de départ. »

Sur l'un des murs de la salle de la Fondation Cartier où est diffusée l'installation *For Children/Pour les enfants* est accroché le diptyque de dessins intitulé *For Children/For Beginners* (2009), à l'origine des deux pièces sonores. Il se compose de notes griffonnées au crayon se référant aux œuvres *For Children* (à gauche) et *For Beginners (Instructed Piano)* (à droite). Chacun des dessins se présente sous la forme d'une liste. Ces notes semblent avoir été écrites à la va-vite, d'une main légère, si bien que les mots sont parfois difficiles à déchiffrer ou susceptibles d'être mal interprétés. En faire une transcription est donc utile, non seulement pour une question de clarté, mais aussi pour bien comprendre les répétitions de Bruce Nauman (et leurs variations) et percevoir la subtilité de ses jeux de mots.

For Children

Mots prononcés – deux voix
Intervalles croissants + décroissants, sans rapport

Enfants apprenant
Enseigner aux enfants
Enfants Enseignant
Pour enseigner
Crier fort ?
(duo)
<u>quatuor</u>

For Beginners

Duo pour voix
Intervalles aléatoires sans rapport

Débutant Débutant
Apprenti Apprenant – Apprendre à Apprendre
Commencer à Apprendre
Commencer à Débuter
(duo)
<u>quatuor</u>

Bien sûr, il y a des différences entre ces deux dessins : l'un est consacré à l'apprentissage des enfants, l'autre à celui des adultes débutants. Dans *For Children*, les lignes « Pour enseigner » / « Crier fort ? » peuvent être lues comme la perception de l'enfant (l'enseignant criant fort ?) et nous ramènent aux premières lignes « Enfants apprenant » / « Enseigner aux enfants », dans lesquelles la priorité est donnée à l'apprentissage, l'enseignement ne venant qu'en seconde position. Le lien allusif que Bruce Nauman établit entre les deuxième et troisième lignes, « Enseigner aux enfants » / « Enfants Enseignant », se lit d'abord comme une évidence (quelqu'un d'autre que les enfants effectuant l'enseignement) avant que le sens ne soit modifié par les deux majuscules, en particulier la seconde, qui servent à insister : « Enfants Enseignant ».

Sur les deux dessins, le mot *quatuor* se situe près du bord

Increasing + decreasing intervals, not related

Children learning
Teaching children
Children Teaching
For teaching
Loud shouting?
(duet)
quartet

For Beginners

Duet for voices
Random intervals not related

Beginner Beginning
Learner Learning — Learning
Learning
Beginning Learning
Beginning Beginning
(duet)
quartet

To be sure there are differences between the drawings, one emphasizing children learning, the other adults also as beginning learners. In *For Children*, the lines "For teaching" / "Loud shouting?" may be read as the perception of the child (loud shouting by the teacher?) and takes us back to the opening lines "Children learning" / "Teaching children," the priority given to learning, with teaching secondary. Nauman's allusive linking of the second and third lines "Teaching children" / "Children Teaching," initially reads as setting out the obvious (someone other than children doing the teaching, in essence the words sound like children-teaching) and then reverses it, with two initial caps, especially the latter, for emphasis: "Children Teaching."

The word "quartet" in each drawing is close to the edge of the paper where the two separately framed drawings abut. And the typographic underline below each "quartet" is inadequate for its presence on the page as a kind of loose flourish, a curve that flows below each word and but for the gap between the drawings, would serve to connect the concluding word in both lists, which may be read as short, concrete poems, even though it was not the artist's intention, given the words' overall placement on the page.

If Nauman's drawing *For Children* emphasizes children learning and teaching, its complement, *For Beginners*, absents children altogether more generally focusing on "beginners." Bartók's *Mikrokosmos* were compositions written for adult learners of piano, "and so," as Nauman says, "they are more complex exercises and there are a lot more of them."

The importance of this work on paper, which was realized prior to the audio pieces *For Children* and *For Beginners (Instructed Piano)*, is not unlike that of Nauman's collage *The Consummate Mask of Rock* (1975). This work inhabited the same room as the sculpture of the same title, comprised of eight pairs of limestone blocks, one of each pair slightly smaller than the other. The relation of each of these works on paper to other components of an installation (whether tangible stones or immaterial sound) is not that of preparatory sketch to a final artwork, or a score for music or other sound piece, or that of a script for a spoken word performance or reading. Rather, the drawing components of both set out a nexus of ideas, an emotional tenor, and rhythmic phrasing that stands aside from but in fact amplifies and recomplicates the honed down, abstracted, overtly main event.

That this diptych is sited within the room where *For Children/ Pour les enfants* is heard offers not only an entry to this piece but to Nauman's entire project as an artist. The curatorial linking of the two (which echoes Nauman's own combine of the drawings with the English version of the audio *For Children* at Sperone Westwater in 2010) makes a larger statement: that is, in the end (for now), also the beginning. Showing the first notes Nauman put to paper not only provokes thoughts of the artist as he was the "Beginner Beginning" his first post-Venice project, but also one could say, as with all of Nauman's series of themes and variations from his earliest to his most recent, here is to be found his overall method, his ethos, the problem he has repeatedly faced in the studio: "Beginning Beginning."

du papier, à la jonction des deux cadres. De plus, la ligne soulignant chacun des mots semble superflue, sa présence sur la feuille apparaissant comme une ample fioriture, une courbe s'étirant sous chaque mot qui viendrait relier les deux dessins s'ils n'étaient pas séparés par un espace vide. Ces deux listes pourraient être lues comme de courts poèmes concrets du fait de la disposition générale des mots sur la page, bien que ce n'ait pas été l'intention de l'artiste.

Si le dessin de Bruce Nauman *For Children* met en avant l'apprentissage et l'enseignement des enfants, son pendant *For Beginners* ne fait pas du tout allusion aux enfants et se concentre de manière plus générale sur les « débutants ». Les compositions de *Mikrokosmos* ont été conçues pour des adultes débutant au piano et, comme l'explique Bruce Nauman, « ce sont des exercices très complexes et bien plus nombreux ».

L'importance de cette œuvre sur papier, réalisée avant les pièces sonores *For Children* et *For Beginners (Instructed Piano)*, n'est pas sans rappeler celle du collage de l'artiste *The Consummate Mask of Rock* (1975). En effet, cette œuvre était présentée dans la même pièce que la sculpture du même nom, composée de huit paires de blocs de calcaire, chacune comprenant un bloc légèrement plus petit que l'autre. La relation de ces deux œuvres sur papier avec les différents éléments des installations auxquelles elles correspondent respectivement (qu'il s'agisse de véritables pierres ou de son immatériel) n'a rien à voir avec celle d'un dessin préparatoire pour une œuvre, ou d'une partition pour une pièce musicale ou sonore, ou encore d'un texte pour un discours ou une lecture. Ces éléments dessinés renferment plutôt un faisceau d'idées, une teneur émotionnelle et une formulation rythmique qui, d'une part, accompagnent l'œuvre principale et, d'autre part, amplifient et complexifient sa profondeur et son caractère abstrait.

Que ce diptyque soit installé dans la salle où est diffusée la pièce sonore *For Children/Pour les enfants* permet non seulement de pénétrer dans l'œuvre en tant que telle mais aussi d'entrer dans le projet d'artiste de Bruce Nauman au sens large. Le choix d'associer dans l'exposition les dessins et l'installation sonore (faisant écho à la volonté de Bruce Nauman de présenter ensemble le diptyque de dessins et l'œuvre sonore *For Children* en 2010 à la galerie Sperone Westwater) en dit plus long : il s'agit en fin de compte (pour le moment) aussi du commencement. Présenter les premières notes que Bruce Nauman a posées sur le papier permet d'imaginer l'artiste alors que, pour le premier projet qu'il entreprenait après la Biennale de Venise, il se retrouvait en situation de « débutant débutant », mais aussi d'affirmer que l'on retrouve ici, comme dans toutes les séries de thèmes et variations qu'il réalise depuis ses débuts, sa méthode générale, son *ethos*, le problème auquel il a dû faire face à maintes reprises dans son atelier : « commencer à débuter ».

Pencil Lift / Mr. Rogers

2013

***Pencil Lift/Mr. Rogers*, 2013**
2 vidéos couleur HD :
Pencil Lift et *Mr. Rogers*
Diffusées sur écran LED de 4 × 14 m,
4 haut-parleurs
2 color HD videos:
Pencil Lift and *Mr. Rogers*
Played on a 4 × 14 meter-LED screen,
4 speakers
3 min 57 et / and 46 sec,
en boucle / looped
Courtesy Sperone Westwater, New York

—

Expositions / Exhibitions

2015
Bruce Nauman, Fondation Cartier pour l'art contemporain, Paris

2013
Bruce Nauman: Some Illusions — Drawings and Videos, Sperone Westwater, New York

Ci-contre / Opposite page :
Pencil Lift/Mr. Rogers, 2013
Fondation Cartier pour l'art contemporain, Paris, 2015

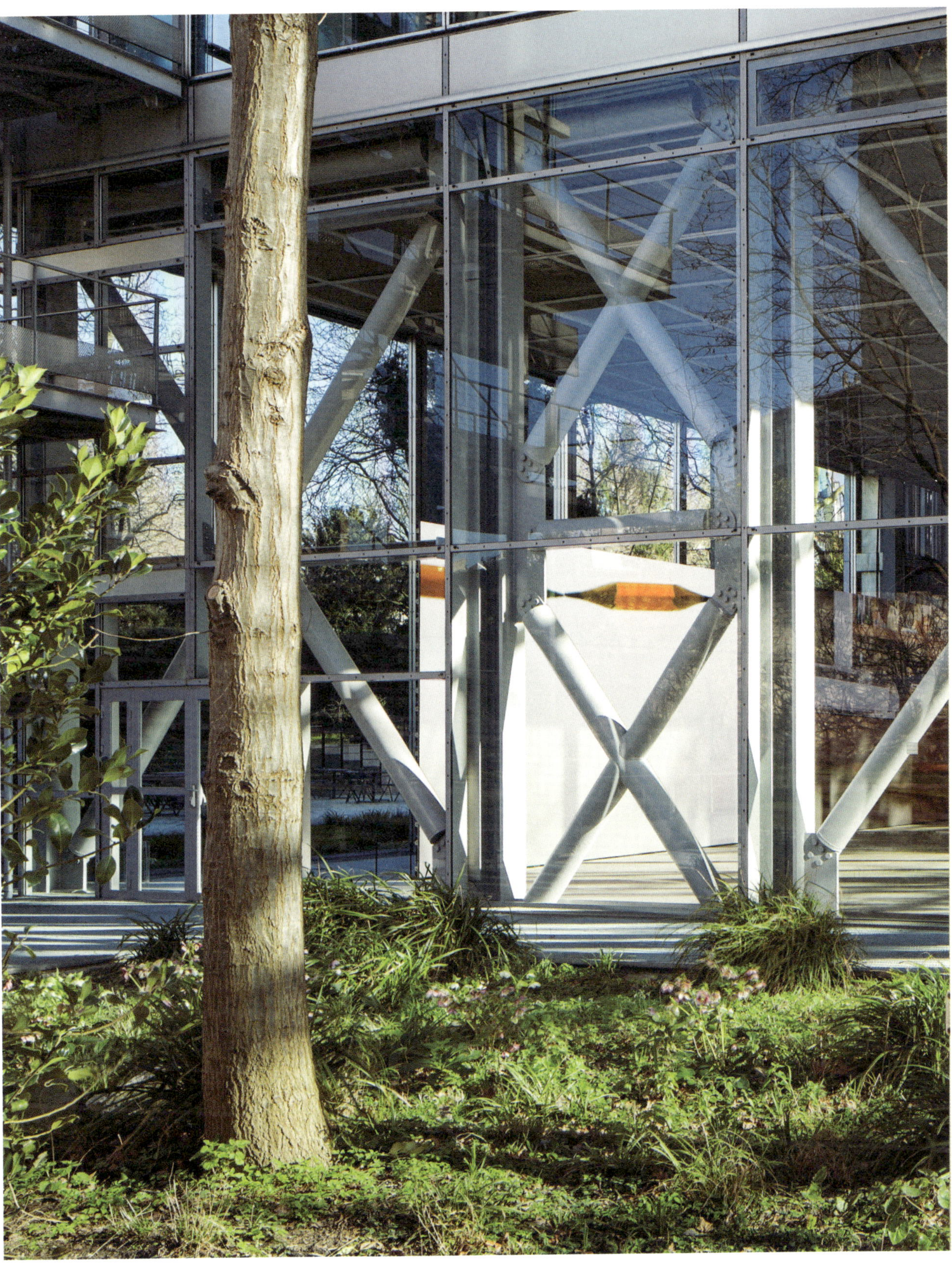

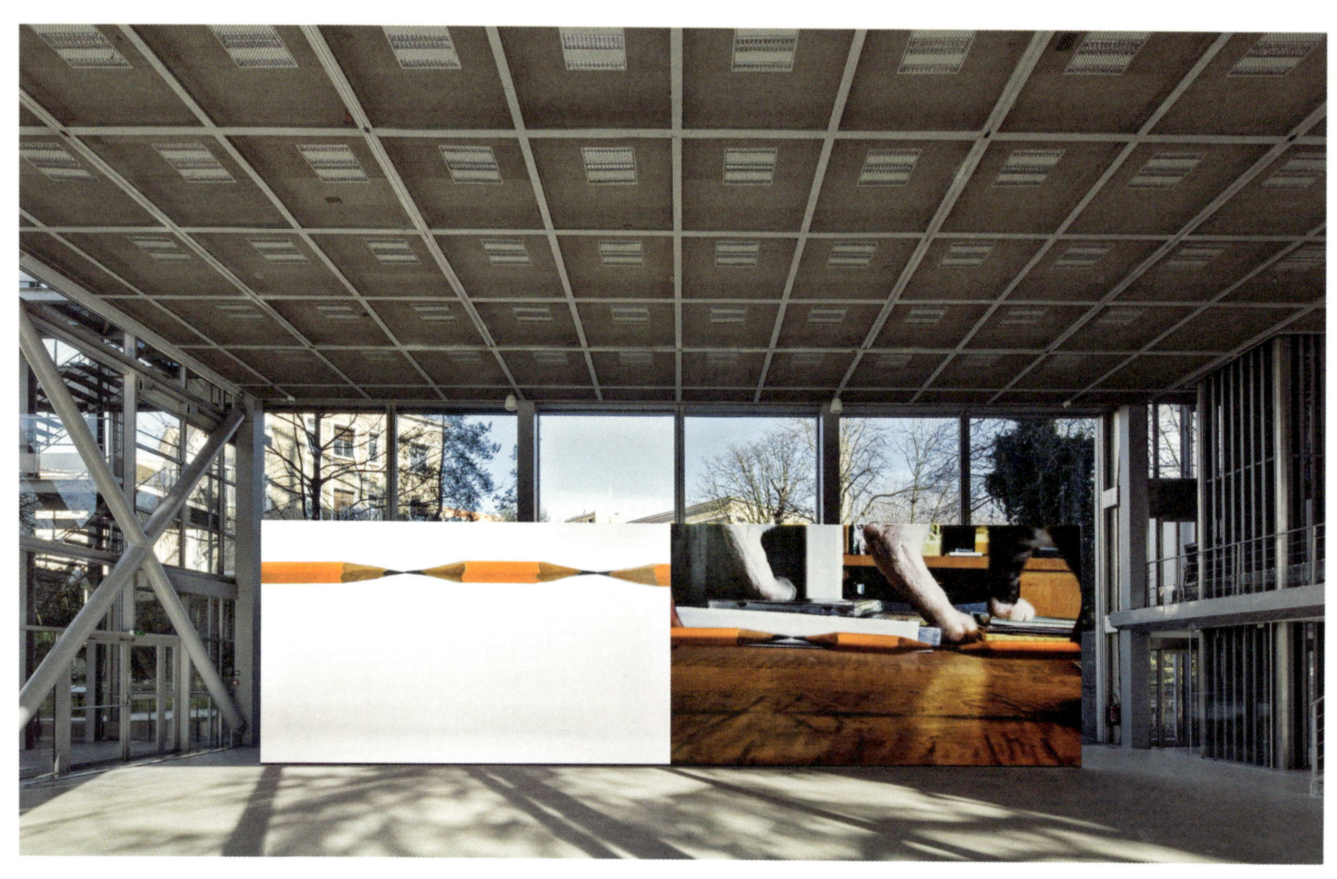

Pencil Lift/Mr. Rogers, 2013
Fondation Cartier pour l'art contemporain,
Paris, 2015

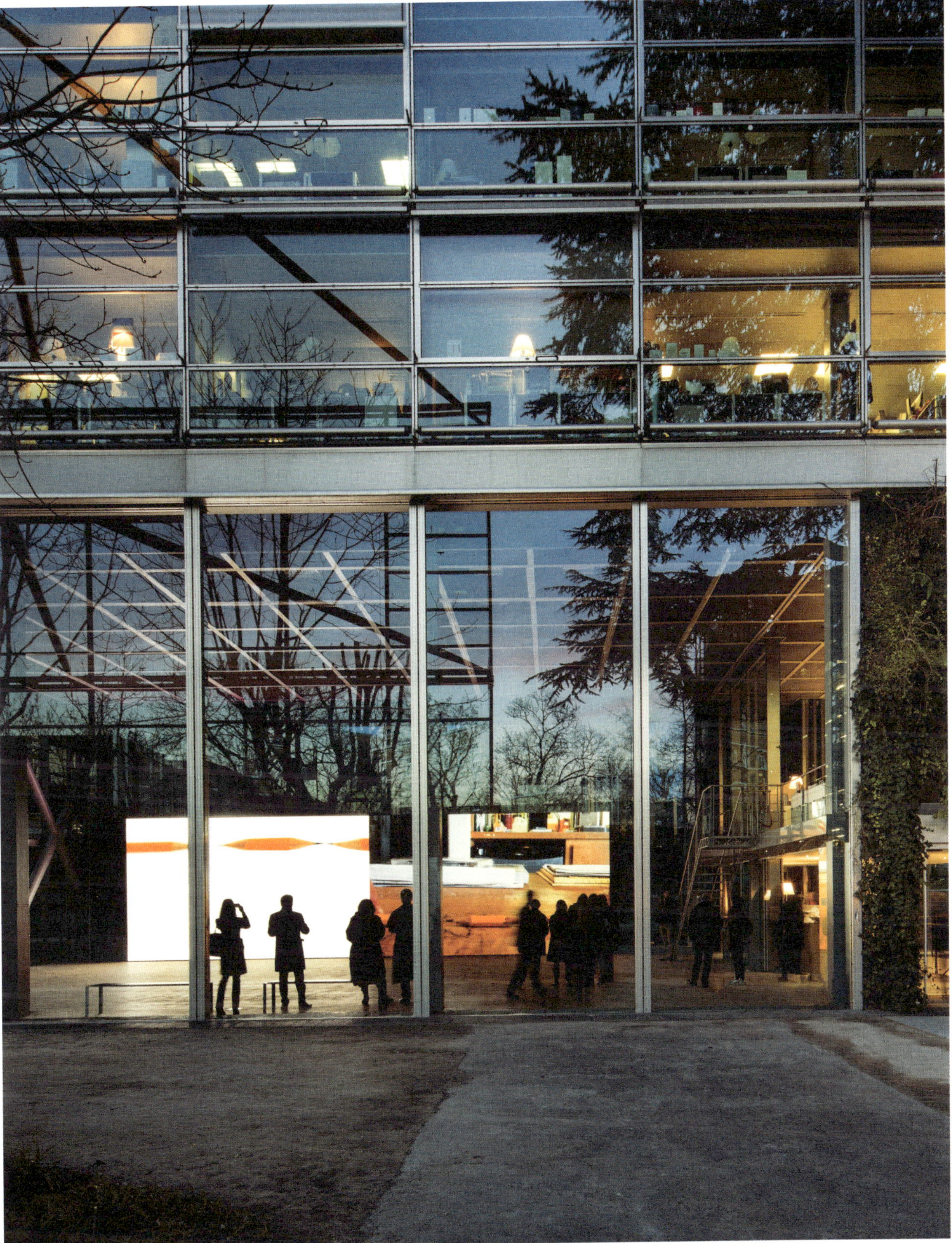

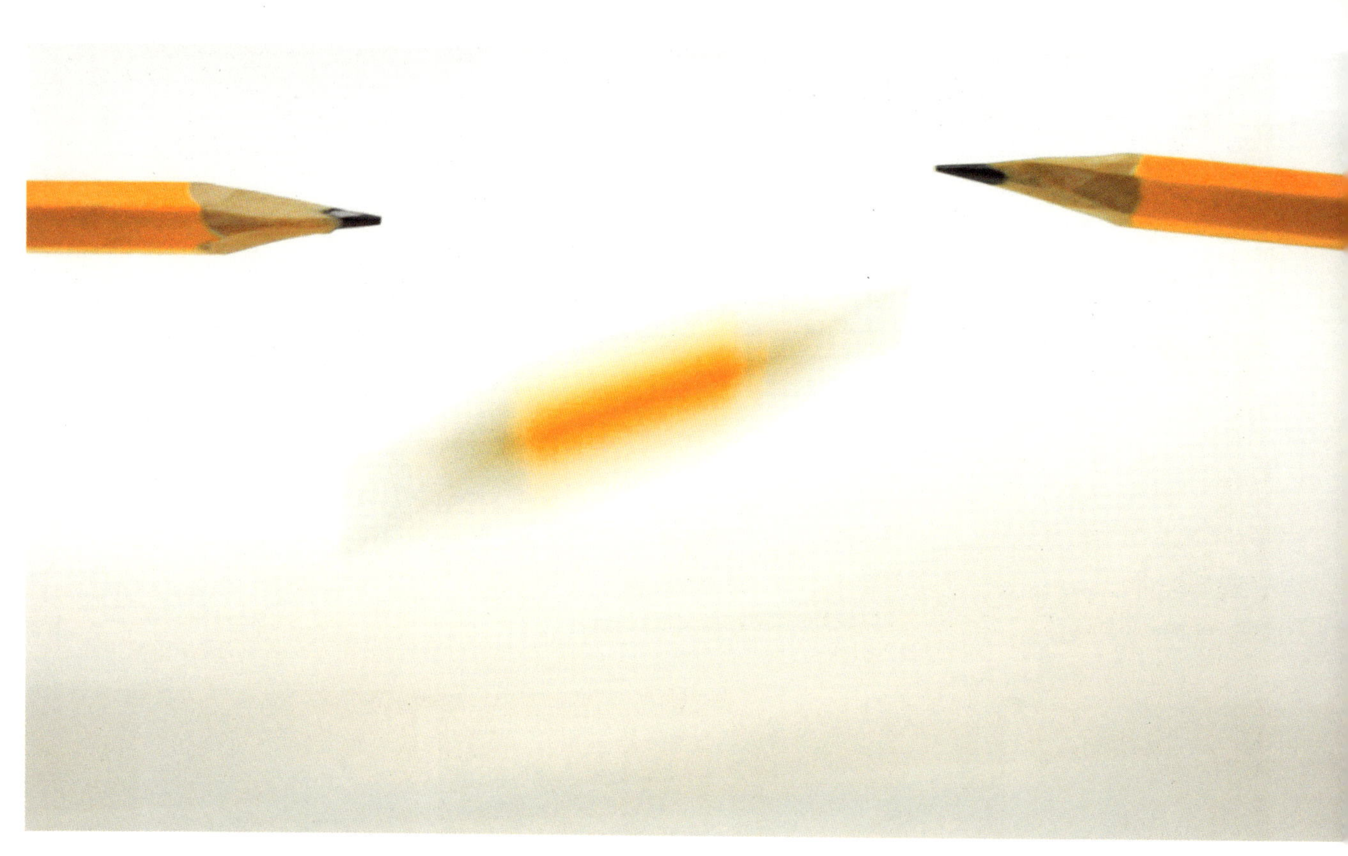

Pencil Lift/Mr. Rogers, 2013
Images extraites du film / Film stills

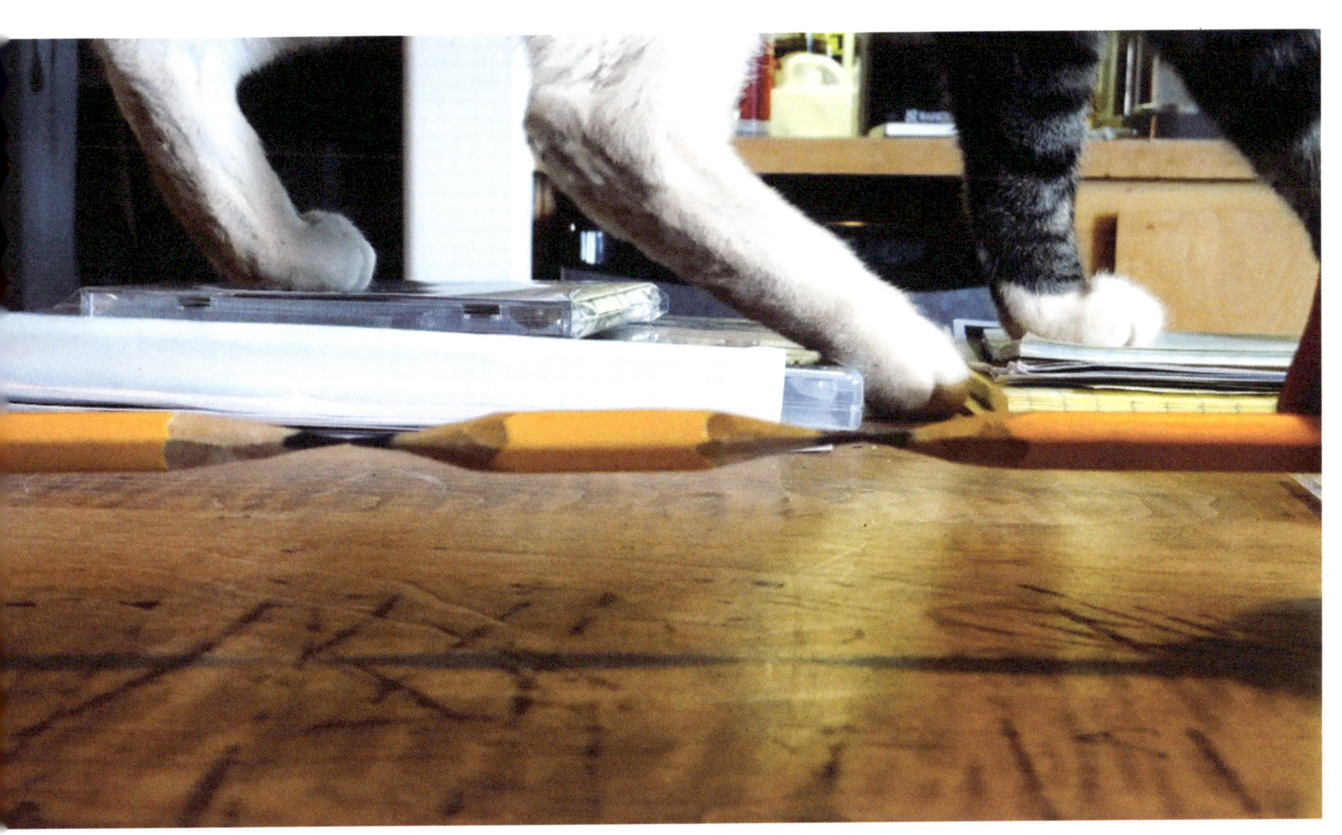

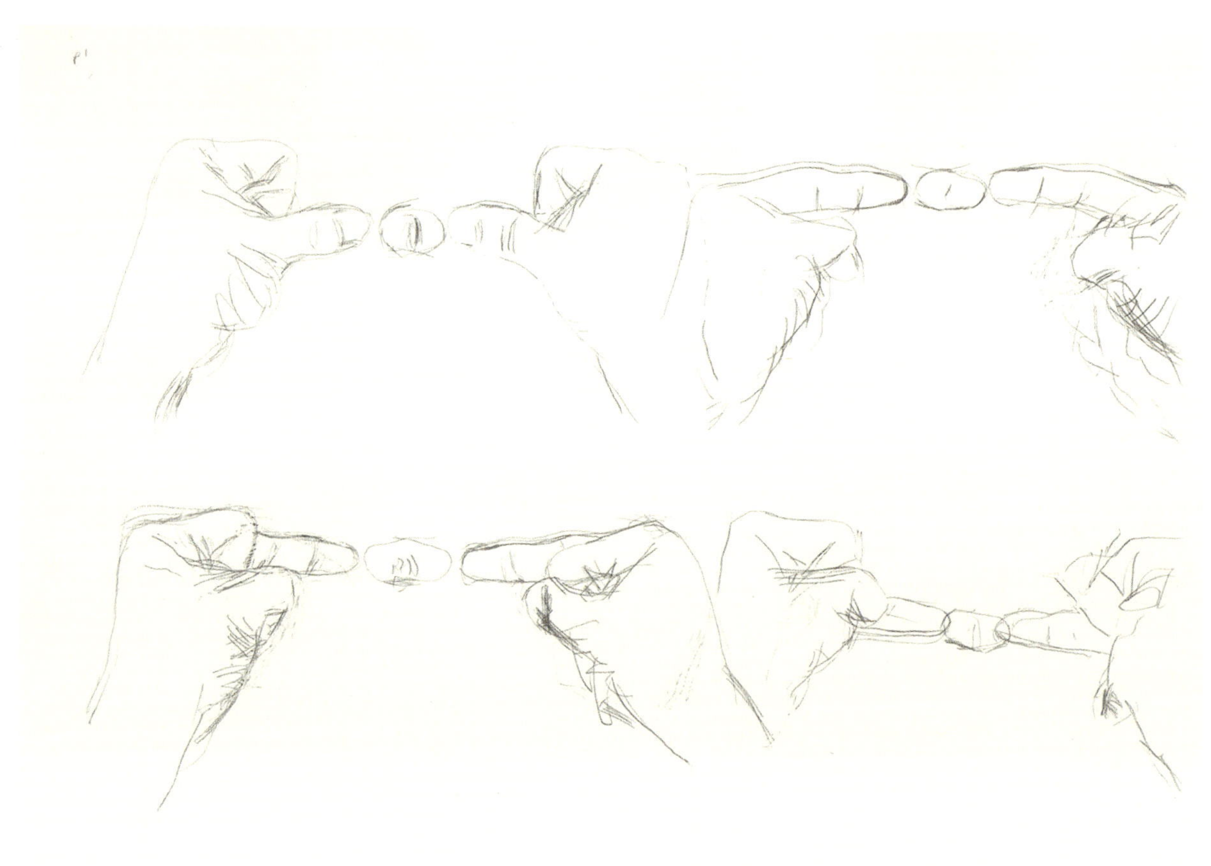

Some Illusions, 2013
Pointe d'argent sur papier enduit
Silverpoint on prepared paper
45,5×61 cm (chaque / each)

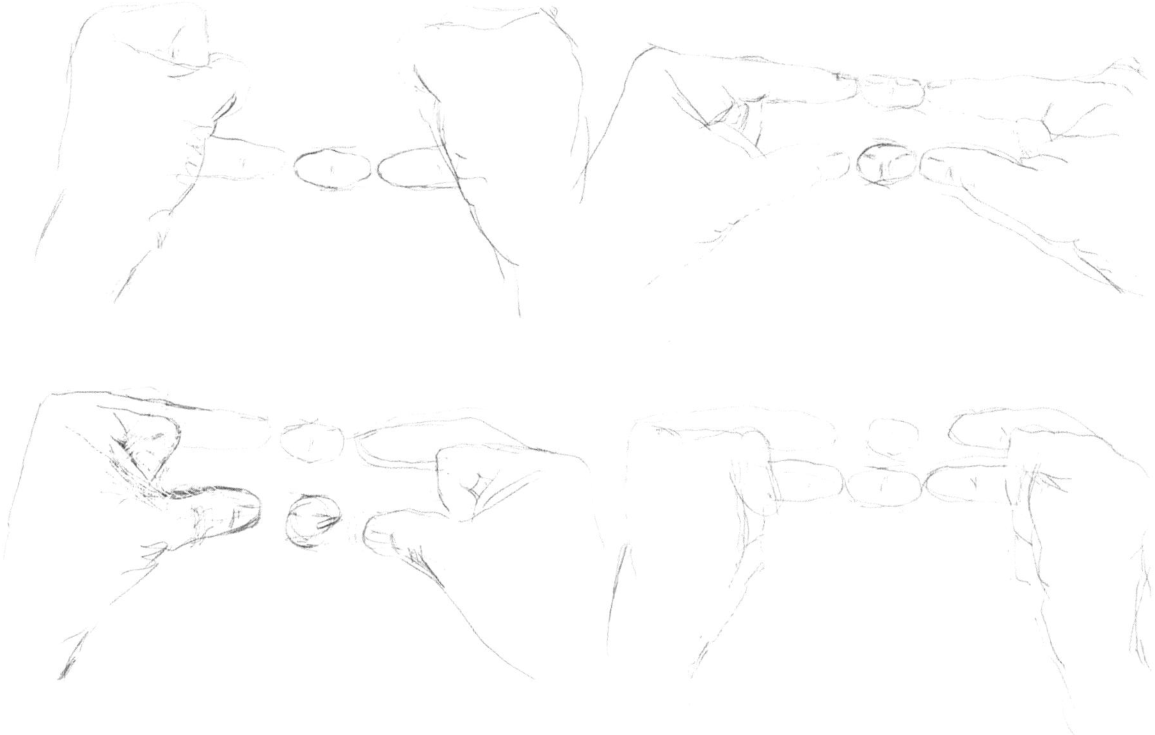

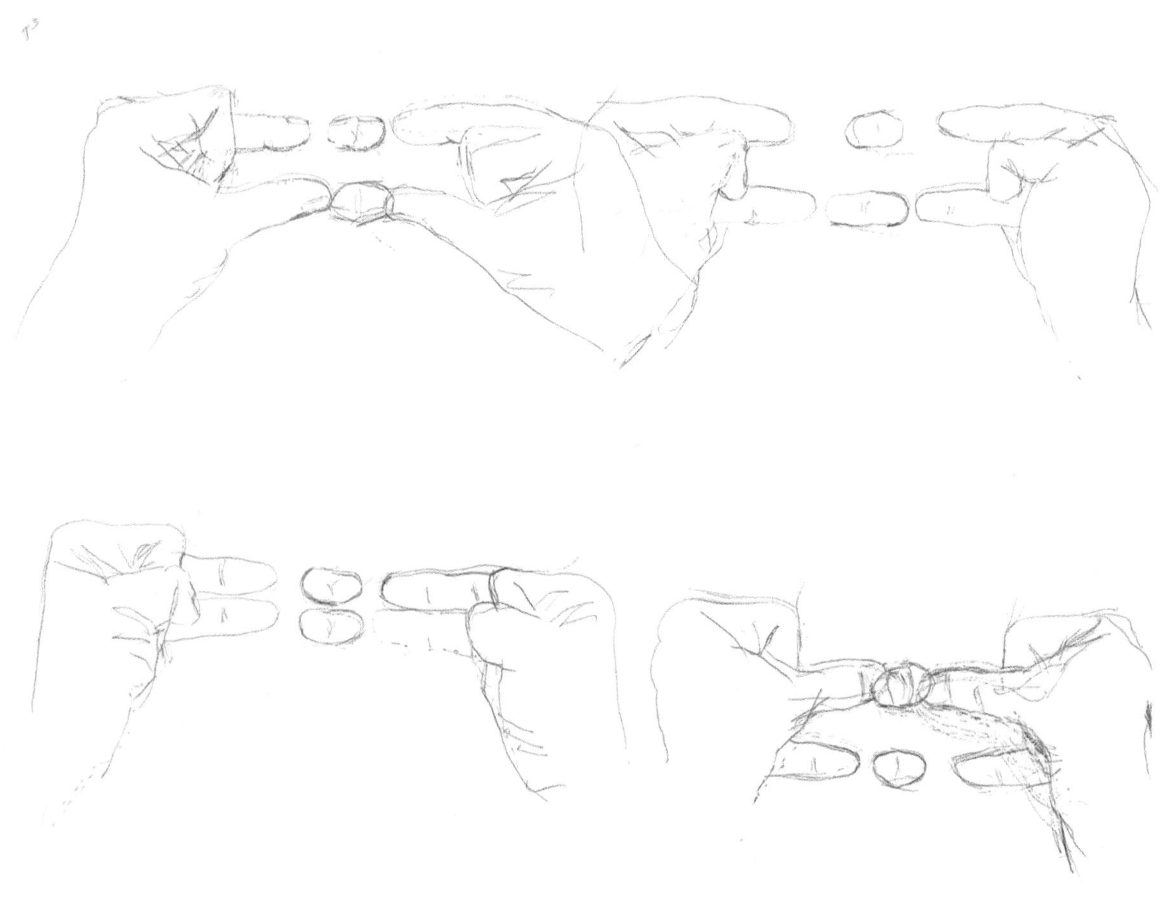

Some Illusions, 2013
Pointe d'argent sur papier enduit
Silverpoint on prepared paper
45,5×61 cm (chaque/each**)**

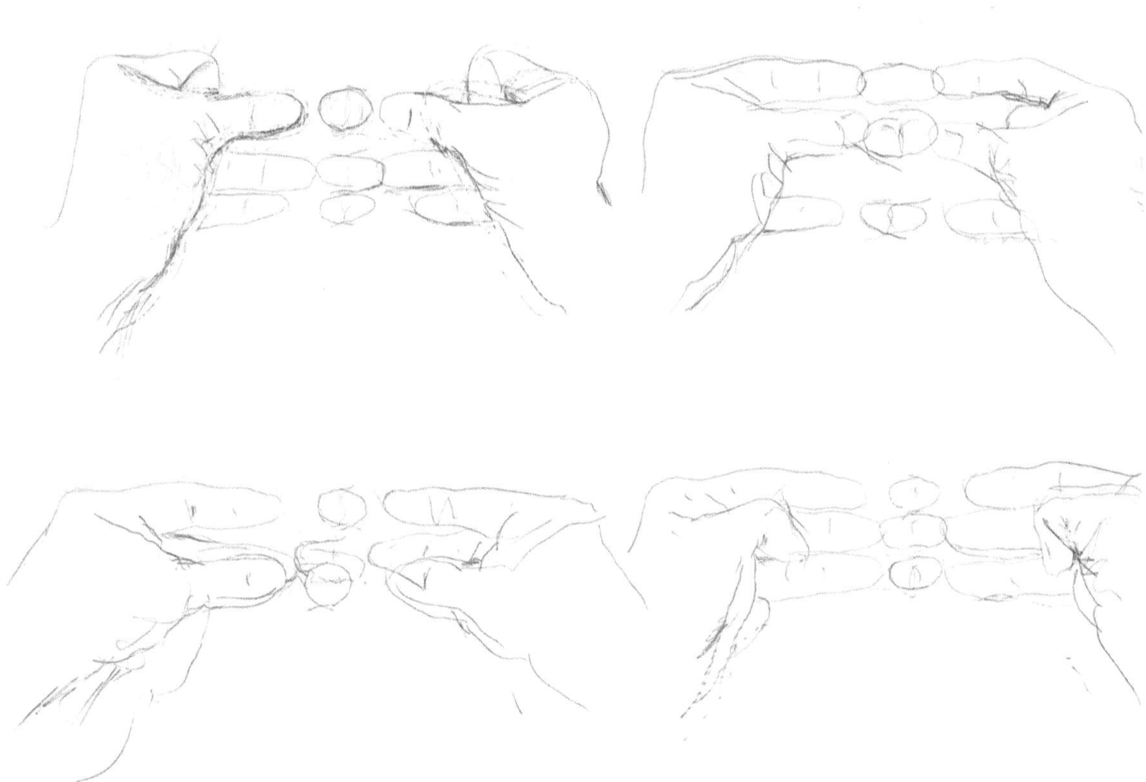

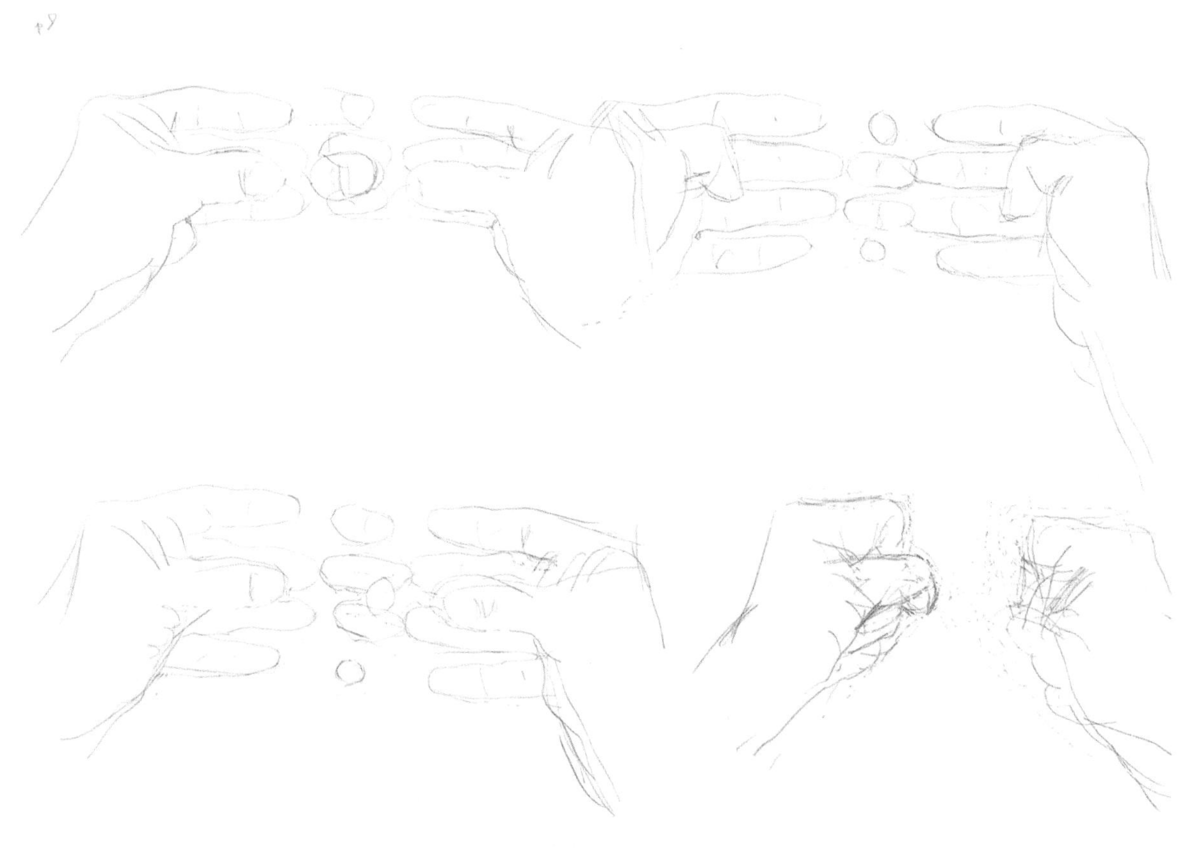

Some Illusions, 2013
Pointe d'argent sur papier enduit
Silverpoint on prepared paper
45,5×61 cm (chaque / each)

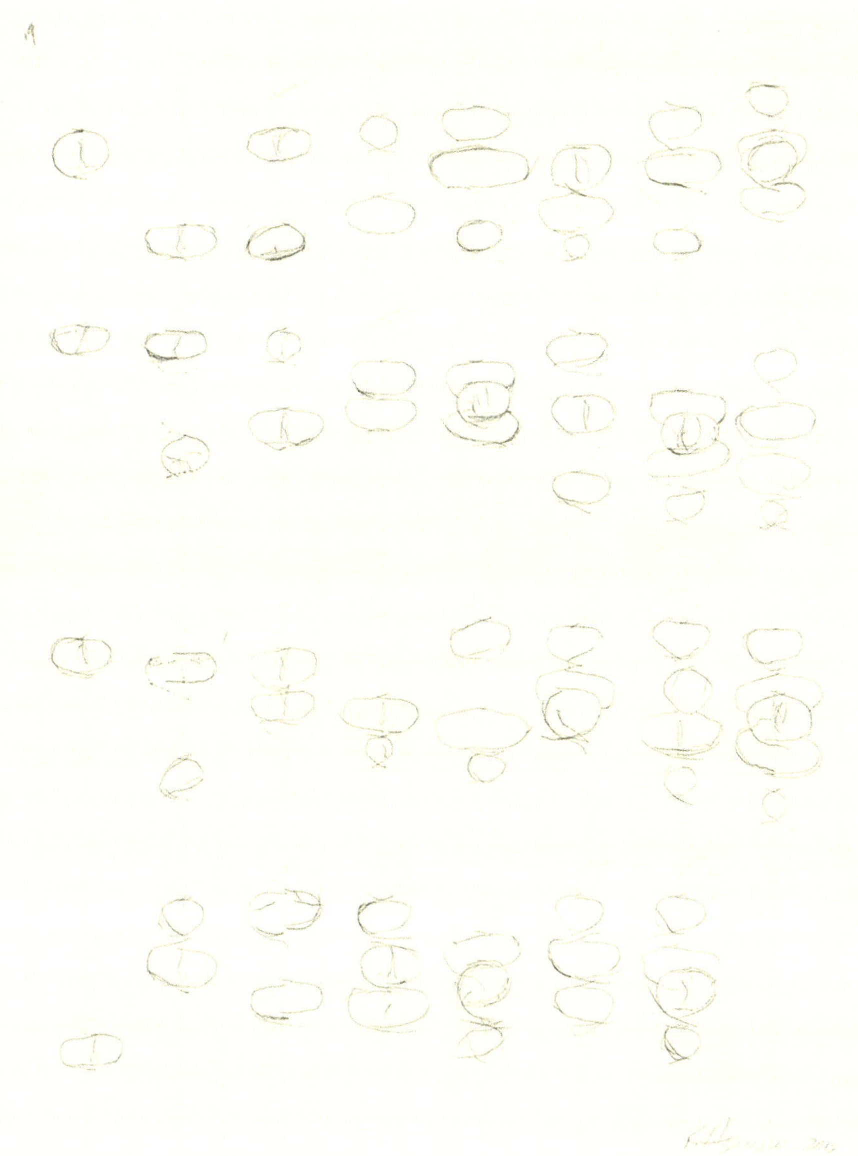

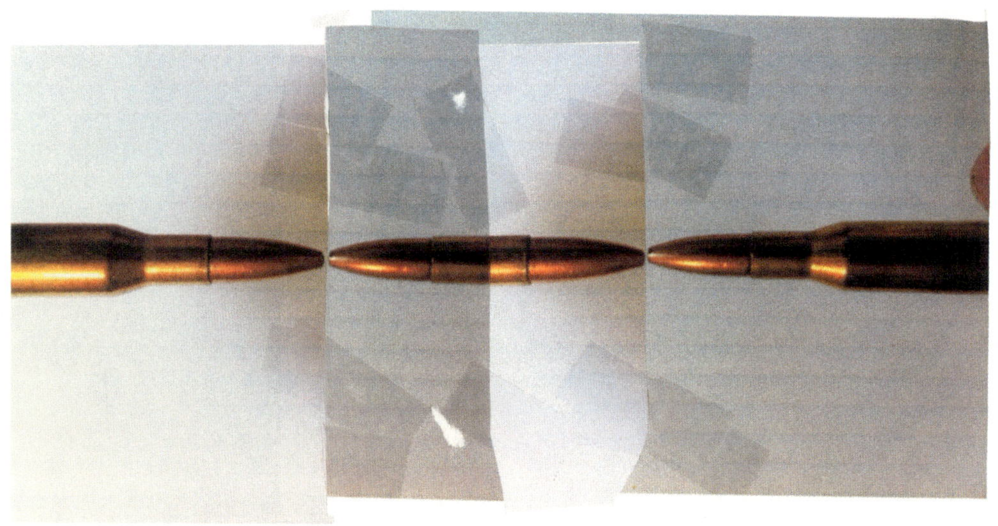

Untitled
(Study for Some Illusions — Bullet*)*, 2013
Collage, 15 × 30,5 cm

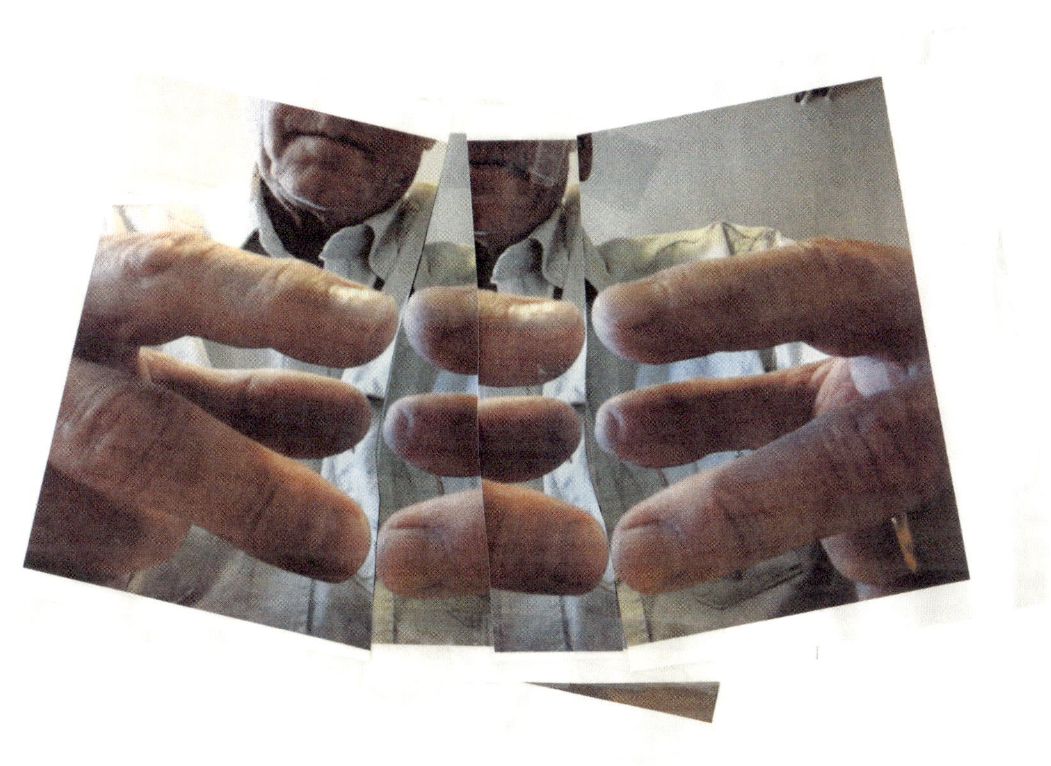

Untitled
(Study for Some Illusions — Fingers*)*, 2013
Collage, 20,5 × 28 cm

Double prise

Joan Simon

Pencil Lift/Mr. Rogers est une installation vidéo en diptyque. Dans chacune des vidéos qui la composent, Bruce Nauman utilise deux crayons pour en soulever un troisième, taillé en ses deux extrémités, qui reste en équilibre instable jusqu'à ce que l'artiste finisse par le reposer. Cet acte intime, où la tension est aussi forte que chez un funambule qui tente de conserver l'équilibre en modifiant sa posture, permet à Bruce Nauman de créer une ligne horizontale à partir de trois éléments reliés entre eux de façon précaire.

Mr. Rogers, la vidéo de droite, est la première à avoir été tournée. Elle montre non seulement le soulèvement du crayon central mais aussi l'environnement dans lequel Bruce Nauman réalise son expérience, l'exercice d'équilibrisme étant filmé en pleine journée dans l'atelier de l'artiste au Nouveau-Mexique. *Mr. Rogers* ne tire pas son titre du nom du célèbre animateur de l'émission pour enfants *Mister Rogers' Neighborhood* diffusée à partir des années 1960 aux États-Unis, mais de celui du chat de l'artiste, qui y fait une apparition impromptue. À un moment Mr. Rogers, dont seules les pattes sont visibles, traverse le bureau de gauche à droite sans jamais perturber la ligne formée par les trois crayons, qui fait office d'horizon.

Mr. Rogers attire notre attention, tout comme celle de son maître, sans pour autant nous distraire de l'attraction principale. Bruce Nauman reste concentré ; ses gestes sont prudents et attentifs. Le crayon du milieu – et, de fait, toute la ligne assemblée – n'est que rarement élevé au-dessus du centre du rectangle de l'image. Un instant, il penche dangereusement vers la droite, mais Bruce Nauman le redresse adroitement. Pendant toute la durée de la vidéo, les mains de l'artiste sont à peine visibles aux extrémités du cadre. Le miaulement du chat et le bruit du crayon lorsque Bruce Nauman finit par le reposer sur le bureau constituent la seule ambiance sonore. Toutefois, l'action recommence aussitôt, la vidéo de moins d'une minute étant montée en boucle pour se répéter en continu.

L'apparition accidentelle du chat et le résultat imprévu qui en découle, fait d'une part du contraste de taille entre Mr. Rogers et les crayons, et d'autre part de celui entre les deux mouvements observés (la démarche fluide et désinvolte du chat par opposition à l'équilibre précaire des crayons soumis à l'attention de l'artiste et aux gestes de ses mains), font de cette vidéo une charmante scénette à la fois comique et soignée.

Bruce Nauman a filmé *Mr. Rogers* avec un iPhone qu'il a placé au bord de son bureau et appuyé contre sa poitrine afin de libérer ses mains pour manipuler les crayons. L'artiste utilise souvent une caméra d'iPhone pour réaliser un essai vidéo avant de confier la réalisation de l'œuvre à un vidéaste professionnel, mais pour *Mr. Rogers* c'est la première fois que le matériau filmé devient une œuvre à part entière. L'artiste a conservé son premier essai, non seulement parce que l'apparition du chat l'a amusé mais aussi parce que la qualité de la vidéo l'a séduit. « Au début, je ne me rendais pas compte que l'iPhone capturait autant d'informations. Si vous transférez la vidéo sur un ordinateur, la quantité d'informations conservées est ahurissante. Cette technologie a énormément évolué. » Comme souvent lorsque se manifeste chez lui une nouvelle idée, Bruce Nauman en explore toutes les variations possibles, et le thème du crayon soulevé ne fait pas exception.

Toutes les citations de Bruce Nauman proviennent d'un entretien avec l'auteur réalisé le 23 janvier 2015 à New York.

Double Take

Joan Simon

Pencil Lift/Mr. Rogers is a diptych video installation. Two pencils used to lift a third pencil centered between them are featured in both. To create these videos, in each of his hands Bruce Nauman held a sharpened pencil that he used to pick up a third, one that he had carved to a short stub with points at both ends and that remains precariously aloft until he sets it back down. This intimate act, as tense as that of a tight-rope walker shifting positions to maintain balance, is also yet another way for Nauman to create a line — of three smaller lines tenuously held together as one.

The video at right, *Mr. Rogers*, evidences not only the pencil lift but also Nauman's immediate surrounds while executing it, and was the first of the paired videos to be shot. The balancing act is seen taking place during the day in the artist's studio office in New Mexico. Its title is not a reference to the eponymous host of a popular US mid-1960s children's television show *Mister Rogers' Neighborhood*, but the name of the artist's cat who makes a cameo appearance. At one point, Mr. Rogers — seen only from the top of his legs to his paws — walks across the desk from left to right, never disturbing the tri-part pencil line that serves as a kind of horizon.

Mr. Rogers captures our attention — as he obviously did Nauman's — but not so much as to distract us from the main attraction. Nauman keeps his focus; his moves are cautious and attentive. The central pencil — in fact, the overall assembled line — is rarely lifted much higher than the mid-point of the extended rectangle. At one moment the stub angles down a bit dangerously at the right though Nauman deftly corrects it. All the while, the artist's hands are barely seen at the video's outer edges. The ambient sound is of a cat's mewling and the touch of pencil to desk when the central stub is laid down for the final gesture. However, the action picks up again immediately, as the video of less than a minute long is looped to repeat continuously.

The appearance by hap of the cat and the resulting if unplanned counterpoint of scale — of large cat/small pencils — and of the contrasting "style" of performance (cat walk, fluid disinterested/pencil moves that are seemingly random but responsive to the artist's shifting attention and hand gestures) make for a vignette comic, mindful, lovely, and full of drama.

Nauman shot the *Mr. Rogers* video with an iPhone, positioned on the edge of his desk and balanced close to his chest, so as to free his hands for the pencil lift. This was not the first time the artist used an iPhone's camera to make a test video, but the first for which the resulting material was used as the artwork itself rather than as an example to be re-shot by a videographer with professional equipment. He kept this initial attempt, not only amused by the cat's appearance but also recognizing the quality of the video. "At first I didn't realize that those iPhones really capture a lot of information. If you download them on the computer it's amazing how much information is there, how much that technology has changed." As is often the case upon finding a new idea, Nauman explores variations on it, and the pencil lift was no exception.

Pencil Lift, the diptych's left video, is the re-performed pencil-lift-balancing act, but this one was done against a white background and was shot by Bruce Hamilton, who edited it in collaboration with Nauman, sitting side by side using two different takes. The background is

All quotations by Bruce Nauman are from a conversation with the author in New York, January 23, 2015.

Pencil Lift, la vidéo de gauche, montre la même expérience menée une seconde fois par Bruce Nauman, filmée cette fois-ci sur un fond blanc par Bruce Hamilton puis montée à quatre mains à partir de deux prises différentes. Le fond est à présent un champ abstrait débarrassé de tout détail du bureau. Les mains de Bruce Nauman n'apparaissent pas. En revanche, sa voix ainsi que celle de Bruce Hamilton sont présentes. Leur échange est factuel : les deux hommes discutent du rendu visuel de l'action. Lorsqu'ils réalisent des vidéos ensemble, Bruce Hamilton installe généralement un moniteur afin que Bruce Nauman puisse observer l'enregistrement en même temps qu'il travaille, mais pour *Pencil Lift*, Bruce Nauman ne peut pas quitter les crayons des yeux. Bruce Hamilton doit donc lui décrire ce qui est visible à l'écran et le guider afin qu'il visualise le cadrage de l'image et procède aux ajustements nécessaires pour ne pas sortir du cadre :

Bruce Nauman : Dis-moi. Bruce Hamilton : Ne va pas beaucoup plus haut. BN : Dis-moi si tu perds le point. BH : Non, c'est bien. Tu es dans le tiers supérieur. BN : OK. Ce n'est pas grave si ça dépasse un peu. C'est même pas mal, en fait. BH : Tu es en train de sortir. BN : OK. BH : Tu es dans le quart supérieur. Je crois que le point est bon. BN : OK. BH : Je devrais vraiment mettre... Pour savoir si tu vas ... Ne va pas plus haut. Mr. Rogers : Miaou.

Comme *Mr. Rogers*, cette vidéo est une boucle qui se répète en continu. *Pencil Lift* et *Mr. Rogers* étant diffusées côte à côte, le visiteur entend les deux bandes-son en même temps, bien que les actions ne soient pas synchronisées – on perçoit le bruit du crayon qui retombe sur le bureau dans une des vidéos tandis que dans l'autre, le crayon flotte toujours en l'air. Parfois pourtant se manifeste une sorte de curieuse synchronie, voire chorégraphie, dans la relation entre les « lignes » de crayons de chacune des deux vidéos. À un moment, ces deux lignes se rencontrent aux bords des deux images contiguës, si bien qu'apparaît un « crayon » entier avec une moitié sur chaque vidéo, ressemblant donc davantage aux crayons à deux pointes qu'à ceux servant au soulèvement. À un autre moment apparaît une diagonale constituée des six crayons, plongeant vers la droite et traversant les deux vidéos.

Les dimensions du diptyque varient en fonction du lieu où il est présenté, mais les vidéos demeurent obligatoirement de taille identique. Le diptyque est conçu pour être projeté ou diffusé sur d'immenses écrans afin d'atténuer la différence d'échelle entre le cadre, la taille des crayons et celle du chat. Lors de la présentation de *Pencil Lift/Mr. Rogers* à la galerie Sperone Westwater de New York dans le cadre de l'exposition *Bruce Nauman: Some Illusions — Drawings and Videos* en 2013, chacune des deux projections mesurait 2,40 mètres sur 4,30 mètres. En 2015, pour leur présentation à la Fondation Cartier pour l'art contemporain, les vidéos sont diffusées sur un monumental écran LED de 4 mètres sur 14.

Situé dans la grande salle du rez-de-chaussée de la Fondation Cartier, dont les murs de verre s'ouvrent sur chaque côté du jardin, l'écran LED de Bruce Nauman est orienté face à la rue, offrant ainsi la possibilité aux passants du boulevard Raspail de voir la vidéo lorsqu'ils regardent à l'intérieur du bâtiment conçu par Jean Nouvel, à travers la façade de verre qui borde le jardin et celle du bâtiment lui-même.

Le sujet de cette installation vidéo provient de précédentes vidéos dans lesquelles Bruce Nauman jouait sur une illusion d'optique, l'effet parallaxe. Pour obtenir cet effet, placez les extrémités de vos pouces l'une en face de l'autre à l'horizontale sans qu'elles se touchent. Projetez votre regard au-delà de l'espace entre vos doigts et l'illusion d'un troisième pouce flottant dans cet espace apparaîtra. Vous n'obtiendrez pas cette illusion si vous regardez directement le bout de vos pouces ou l'espace entre les deux. Pour y parvenir, il faut regarder très légèrement au-dessus de cet espace, et bien au-delà – derrière vos doigts, le plus loin possible.

Bruce Nauman a déjà utilisé l'effet parallaxe au début des années 1970 dans des sculptures. « Ces sculptures ont été conçues de façon à ce que vous soyez obligé de regarder au-delà de ce qui se présente sous vos yeux. C'est un truc de gamin, mais on peut toujours trouver quelqu'un qui ne le connaît pas encore. »

Dans les vidéos *Thumb Start* (2013) et *4th Finger Start* (2013) (1), comme il était impossible de reproduire cet effet de perception, Bruce Nauman a recréé l'illusion de la perception d'un troisième objet « flottant » entre les deux autres. « Pour reproduire l'effet parallaxe en vidéo, nous avons dû filmer avec deux objectifs de focales différentes, puis nous avons assemblé les images. » Bruce Nauman a utilisé la même technique pour le diptyque *Bullet Illusion/ Pencil Illusion* (2013) (2), qui met en scène un crayon et la balle d'une arme à feu. À gauche, une balle semble « flotter » entre les deux balles réelles que tient Bruce Nauman ; en regardant de près, on s'aperçoit que les trois balles ne se touchent pas, la « ligne continue » étant interrompue par les petits espaces qui s'intercalent entre les objets. De même, à droite, le crayon à deux pointes au centre de l'image n'est qu'une illusion flottant entre deux vrais crayons, et encore une fois apparaît une ligne horizontale continue, en trois parties, qui en réalité n'existe pas.

Quand Bruce Nauman a commencé à travailler avec la vidéo dans les années 1960, ce médium était un nouvel outil dans la palette des artistes ; il n'attirait que ceux qui, comme Bruce Nauman, avaient déjà travaillé avec la pellicule. « À l'époque, je travaillais avec un Sony

now an abstracted field absenting any detail of the office. Nauman's hands are never seen. However his voice and that of Hamilton are heard. The chat is matter-of-fact, talking about how the action looks. When shooting other videos, Hamilton sets up a monitor so that Nauman can observe the recorded images as he is at work; for *Pencil Lift*, Bruce Nauman can't take his focus away from the pencils. That's why Hamilton is telling him what is seen on the monitor, guiding him, in fact, so that he may understand where the image is within the frame and therefore also make adjustments to keep his gesture within it:

Bruce Nauman: You gotta tell me. Bruce Hamilton: Not much higher. BN: Tell me if I'm going out of focus. BH: No, it's pretty good. You're in the top third. BN: Yeah. I didn't mind it when it went off the top a little bit. It's kinda of nice actually. BH: I think you're going out. BN: Yeah. BH: You're in the top quarter. I think you're in focus. BN: OK. BH: I should really put ... So I can tell if you're going ... Not too much higher. Mr. Rogers: Meow.

This video, like *Mr. Rogers*, plays in a continuous repeating loop. Given that the *Pencil Lift* and *Mr. Rogers* videos are shown side by side, the soundtracks are heard simultaneously, though the actions are not in synchrony: the sound of one pencil to desk may be heard from one video while the other video's pencil remains hovering. Evidenced at times, though, is a curious kind of synchrony — one might say choreography — in the relation between the "lines" in each. At one moment the pencil images meet at the edge of the abutted separate images so that "a pencil" appears to be made up of the half on one image, and the half on the other, thereby resembling the two-pointed stub rather than the pointed ends of the actual lifter pencils. Another moment offers what seems to be a continuous diagonal line of all six pencils flowing downward from left to right across both screens.

The dimensions of the pair of videos are variable depending on the site where they are exhibited. Each, critically, is always projected identical in size. The pair is intended to be shown extremely large, attenuating the relative scale of image to actual size of the pencils as well as to that of the cat. Each of the two projections of *Pencil Lift/Mr. Rogers* measured 2.4 by 4.3 meters when they were exhibited in the 2013 show *Bruce Nauman: Some Illusions — Drawings and Videos* at Sperone Westwater, New York. At the Fondation Cartier, Paris, the videos are exhibited on one monumental continuous LED display screen, 4 meters high by 14 meters wide.

Situated in the Fondation Cartier's largest ground-floor gallery, where its glass walls open to the garden at the back and also to the garden at the front, Nauman's LED display screen is oriented to face the street side and thus allows *Pencil Lift/Mr. Rogers*, the super-large-scale video diptych, to be seen by passers-by on Boulevard Raspail as they look through the frontage along the garden and the glass walls into the gallery of this Jean Nouvel-designed building.

The subject of this video installation itself stems from prior videos where Bruce Nauman played on an optical illusion, the parallax effect. To get it, point your two thumbs toward each other horizontally, their tips spaced about a half-inch to an inch apart. Look into the distance beyond the space, and the illusion of a thumb will appear to float in the space between them. The illusion does not appear if you stare directly at the thumbs' tips or at the space between them — the key to the trick is to look a bit above and beyond, past them and into the distance.

Nauman used the parallax effect during the early 1970s for sculptures: "These were set up in a way you were forced to look past the stuff sticking out in the distance. It's a kid trick, though someone has run into somebody who never saw it before."

For the videos *Thumb Start* (2013) and *4th Finger Start* (2013) (1), as it was not possible to replicate the perceptual effect, Nauman created the illusion of the perception of the "float" of a third object between two others: "To do it on video we shot it with two lenses to get the parallax eye-effect, and then put those together." He did the same thing with a pencil and a bullet for the diptych *Bullet Illusion/Pencil Illusion* (2013) (2). At left, the illusion of a bullet "floats" between the two actual bullets Nauman holds; a close look reveals that none of them touch, the "continuous" line broken by the small spaces between the objects' almost-touching points. Likewise at right, the centered double-pointed pencil stub is an illusion floating between two real pencils, and once again these appear to form a continuous tri-part horizontal line but, in fact, don't.

When Nauman began to work with video in the 1960s the equipment was a new tool in an artist's kit, but one attractive to those who had already been working in film, as Nauman had. "Back then I used the Sony Portapak. It was much more cumbersome. Black and white. You still edited by cutting with a razor blade, like film." Over the years, Nauman at times stopped making video. During the 1970s, in particular, a period during which he was primarily making sculpture — in the first half of the decade his "parallax" architectural installations and during the second his large scale "models" for outdoor "tunnel" sculptures. In the early 1980s, the literally moving figures of his neon works seem to have displaced his moving-picture media. When he returned to video in the mid-1980s, it was for sculptural projects, such as *Violent Incident* (1986), installed in the form of dozen-monitor grid. For *Hanging Carousel (George Skins a Fox)* (1988) Nauman mixes mediums, a video monitor playing a video of his friend,

Portapak. Beaucoup plus encombrant. Noir et blanc. On utilisait encore une lame de rasoir pour le montage, comme avec de la pellicule. » Plusieurs fois au fil du temps Bruce Nauman cesse de faire des vidéos, en particulier durant les années 1970. Pendant la première moitié de cette décennie, il s'adonne surtout à la sculpture, à ses installations architecturales « parallaxes », puis pendant la seconde à ses maquettes à grande échelle de sculptures de tunnels destinées à l'extérieur. Au début des années 1980, ses œuvres au néon présentant des silhouettes tout en mouvement semblent dévier son intérêt pour la vidéo et ses images animées. Lorsqu'il y revient au milieu des années 1980, c'est pour des projets sculpturaux tels que *Violent Incident* (1986), qui se présente sous la forme d'une mosaïque de douze moniteurs. Pour son carrousel intitulé *Hanging Carousel (George Skins a Fox)* (1988), Bruce Nauman associe plusieurs médiums : un moniteur diffusant une vidéo de George Stumpff (artiste, guide de chasse, orfèvre et ami de Bruce Nauman) en train de dépecer un renard est suspendu au milieu de quatre moules d'animaux en polyuréthane.

Vers 1990-1991, dans son nouvel atelier situé dans le Nord du Nouveau-Mexique, Bruce Nauman recommence à utiliser une petite caméra vidéo fixée sur un trépied et se sert pour la première fois de logiciels de montage. Pour les multiples projections lyriques d'*Anthro/Socio (Rinde Facing Camera)* (1991) et de sa variante *Anthro/Socio (Rinde Spinning)* (1992), Bruce Nauman non seulement se remet à réaliser lui-même ses vidéos et à faire appel à d'autres personnes pour les questions de photographie et de montage, mais utilise désormais ce matériau pour créer des environnements à grande échelle, des installations constituées de vidéos projetées, de vidéos diffusées sur des moniteurs et d'un paysage sonore immersif. Les deux versions de l'installation, qui occupent chacune à elle seule la totalité d'un espace d'exposition, utilisent six moniteurs empilés par paires et trois projections vidéo recouvrant l'intégralité de trois murs.

À partir des années 2000, les caméras sont devenues beaucoup plus petites et faciles à utiliser. « Tout le processus d'enregistrement se fait dans la caméra, qui est désormais de la taille d'un paquet de cigarettes et qui est devenue un appareil électronique grand public. Je me suis mis à beaucoup filmer moi-même et ça fonctionne très bien. »

La principale préoccupation de Bruce Nauman n'est pas la technologie, mais plutôt le procédé et les idées qui sous-tendent son utilisation (comme pour tous les outils dont il se sert dans ses œuvres immobiles). Que ce soit avec le 16 mm ou la bande vidéo du Sony Portapak à ses débuts, plus tard avec les différentes caméras analogiques et numériques ou encore avec les récents écrans LED qu'il utilise pour diffuser de la vidéo, sans oublier les haut-parleurs directionnels de ses installations sonores, Bruce Nauman s'impose d'abord une problématique conceptuelle ainsi qu'une tâche spécifique, avant de se lancer dans la réalisation. Il réutilise ensuite l'information obtenue : il reproduit ce qu'il a découvert afin de créer un matériau qu'il utilisera dans une œuvre unique, comme c'est le cas pour les projections jumelées de *Pencil Lift/Mr. Rogers*.

On pourrait affirmer que la vision de Bruce Nauman, quel que soit le médium qu'il utilise, s'articule souvent autour du double : la prise que l'on « double » sur un tournage ou lors d'un enregistrement sonore, la « double interprétation » comique, théâtrale ou visuelle, ou encore le « double sens » intrinsèque à un calembour ou à un jeu de mots. Bruce Nauman présente des maquettes qui sont en même temps des œuvres d'art achevées, refilme ses premiers essais vidéo, utilise le double enregistrement stéréo et la double projection vidéo ou encore, après avoir recréé technologiquement une paire d'illusions d'optique, celles de *Bullet Illusion/Pencil Illusion*, réplique la dimension non illusoire de l'une d'elles pour en faire une réalité dans *Pencil Lift/Mr. Rogers*.

artist, hunting guide, and silversmith George Stumpff at work is suspended along with four polyurethane foam forms of animals on his "carousel" sculpture.

By 1990–91, in his new studio in northern New Mexico, Nauman once again began setting up a small video camera on a tripod in the studio and also began to use computer-editing programs. For the operatic, multi-monitor and multiple video projections of *Anthro/Socio (Rinde Facing Camera)* (1991) and the variant *Anthro/Socio (Rinde Spinning)* (1992), Nauman had not only gone back to doing his own camera work as well as engaging others for camera and editing assistance, but was now using his material to create large-scale surrounds, installations comprised of video projections, video on monitors, and encompassing sound-scapes. Both variants took up the space of an entire gallery, and employed three pairs of stacked monitors and three wall-to-ceiling video projections.

By the 2000s, the cameras had gotten much smaller and easier to use. "Recording was all in camera. They were now the size of a cigarette pack, and consumer electronics. I was doing a lot of shooting myself and that worked out very well."

For Nauman, it is not the technology that is his concern, but rather the process and the ideas behind his use of any of it (as with any of his other tools for non-moving-picture mediums). Whether early on shooting 16-mm film and videotape with a Sony Portapak, or later employing a variety of analog and digital video cameras, or using the newest LED display screens for exhibiting video and directional speakers for his sound installations, Nauman initially sets up a conceptual problem for himself as well as a specific task and then enacts it. He then continues to use the information: he re-enacts his findings for material to be used in a single work as he did for his dual projections of *Pencil Lift/Mr. Rogers*.

One could say that Nauman's vision in general, regardless of medium, often turns on the double: the doubled "take" in a film shoot or audio recording, the "double take" in comic or theatrical or visual terms or in the inherent doubled status of a pun's meaning as well as in other allusive word play. He presents models that are simultaneously finished artworks, re-shoots first video attempts, uses two-track stereo recording, employs dual video projections or follows the reality of his technological recreation of a pair of illusions, as in *Bullet Illusion/Pencil Illusion*, to become the repeats of one of its videos for the actualities of *Pencil Lift/Mr. Rogers*.

1. *4th Finger Start*, 2013
2. *Bullet Illusion/Pencil Illusion*, 2013

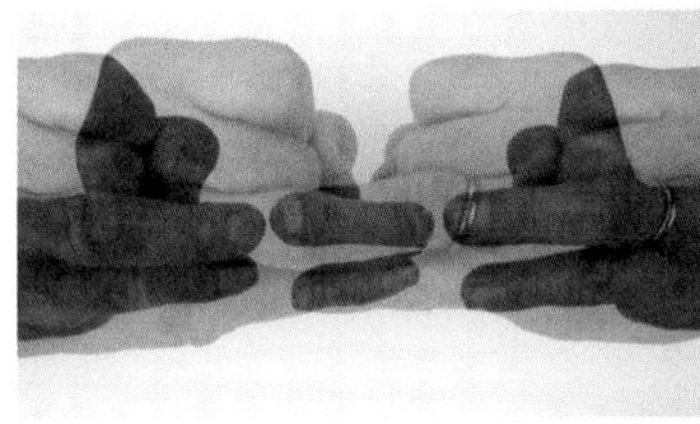

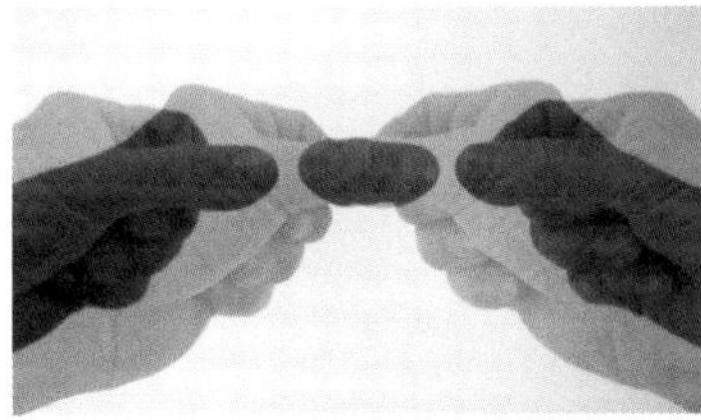

1.

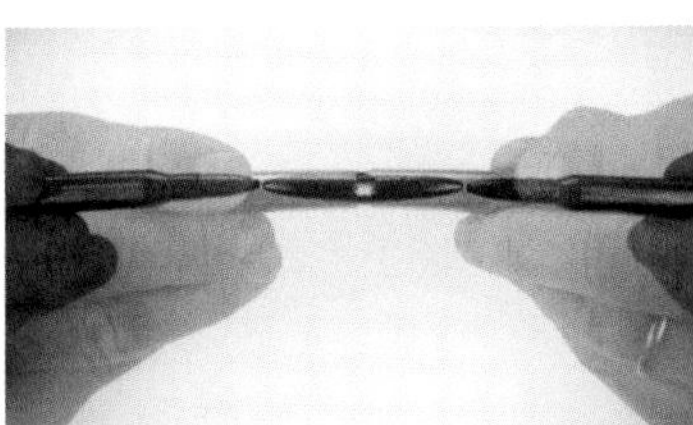

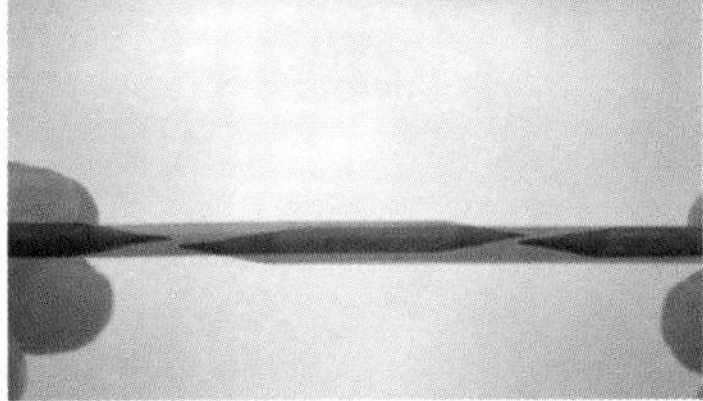

2.

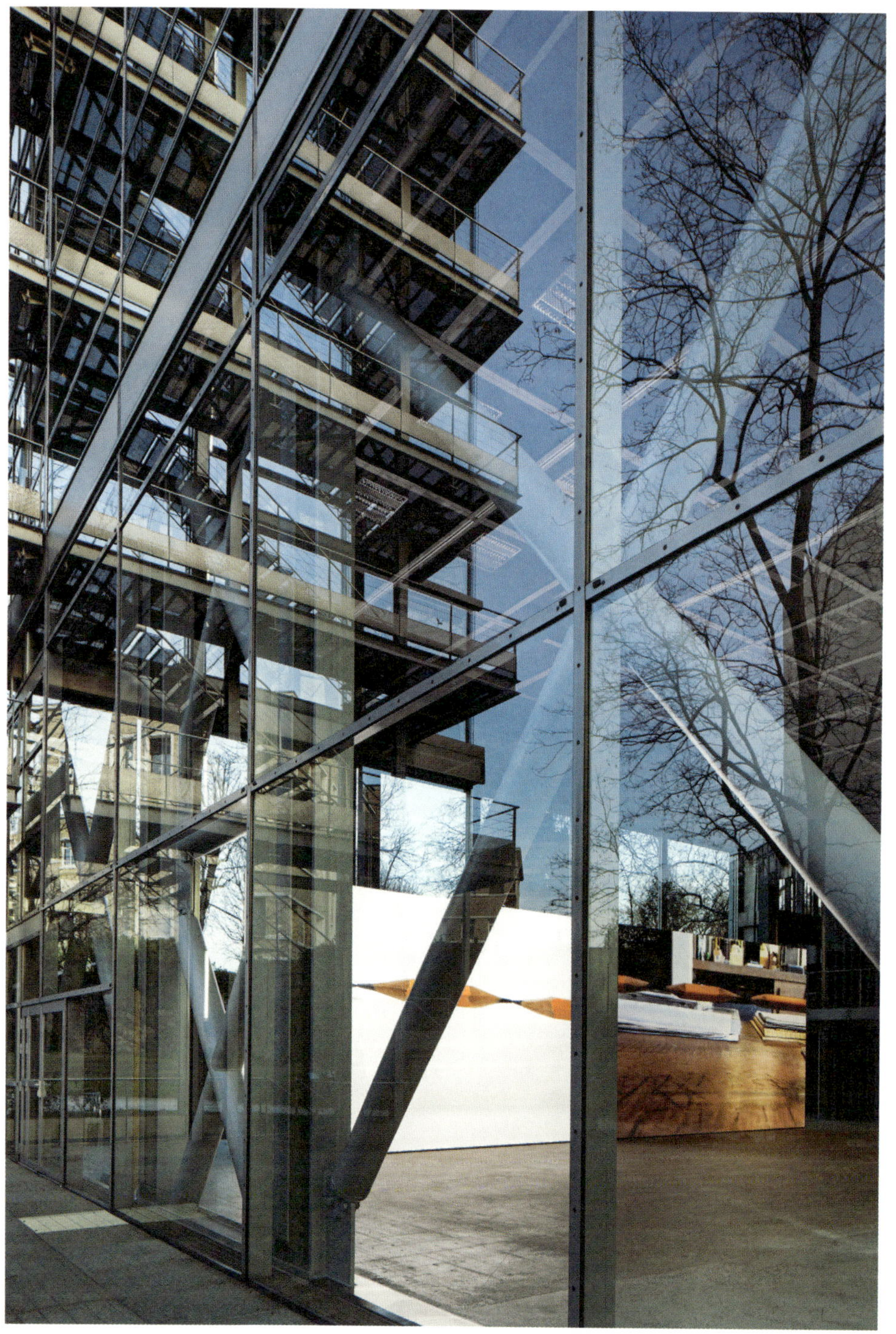

Pencil Lift/Mr. Rogers, 2013
Fondation Cartier pour l'art contemporain,
Paris, 2015

Anthro/Socio
(Rinde Facing Camera)

1991

***Anthro/Socio (Rinde Facing Camera)*, 1991**
6 vidéos couleur diffusées par 3 vidéo-projecteurs, 6 moniteurs couleur, 12 haut-parleurs
6 color videos played on 3 video projectors, 6 color monitors, 12 speakers
Performeur / Performer : Rinde Eckert
Durées variables de 1 min 30 à 3 min 17, en boucle
Variable lengths between 1 min 30 to 3 min 17, looped
Dimensions variables / Dimensions variable
Glenstone

—

Expositions / Exhibitions

2015
Bruce Nauman, Fondation Cartier pour l'art contemporain, Paris
2011
Bruce Nauman: Der wahre Künstler, Kunsthalle Mannheim, Mannheim, Allemagne / Germany
2000
Exorcism/Aesthetic Terrorism, Museum Boijmans Van Beuningen, Rotterdam
1998
XXIV Bienal de São Paulo. Núcleo Histórico – Antropofagia e Histórias de Canibalismos, Fundação Bienal de São Paulo, São Paulo
1997
Bruce Nauman: Image/Text, 1966–1996, Kunstmuseum Wolfsburg, Wolfsbourg, Allemagne / Wolfsburg, Germany; Musée national d'art moderne, Centre Georges Pompidou, Paris; Hayward Gallery, Londres / London (1998); Nykytaiteen museo Kiasma, Helsinki (1998)
1996
Along the Frontier, State Russian Museum, Saint-Pétersbourg / Saint Petersburg
1993
Contemplation, Ho-Am Art Museum, Séoul / Seoul
1992
Bruce Nauman, Ydessa Hendeles Art Foundation, Toronto
1991
Dislocations, Museum of Modern Art, New York

Pages suivantes / Following pages :
Anthro/Socio (Rinde Facing Camera), 1991
Fondation Cartier pour l'art contemporain, Paris, 2015

Feed Me, Eat Me, Anthropology

Help Me, Hurt Me, Sociology

Feed Me, Help Me, Eat Me, Hurt Me

Feed Me, Eat Me, Anthropology

Help Me, Hurt Me, Sociology

Feed Me, Help Me, Eat Me, Hurt Me

Feed Me, Eat Me, Anthropology

Help Me, Hurt Me, Sociology

Feed Me, Help Me, Eat Me, Hurt Me

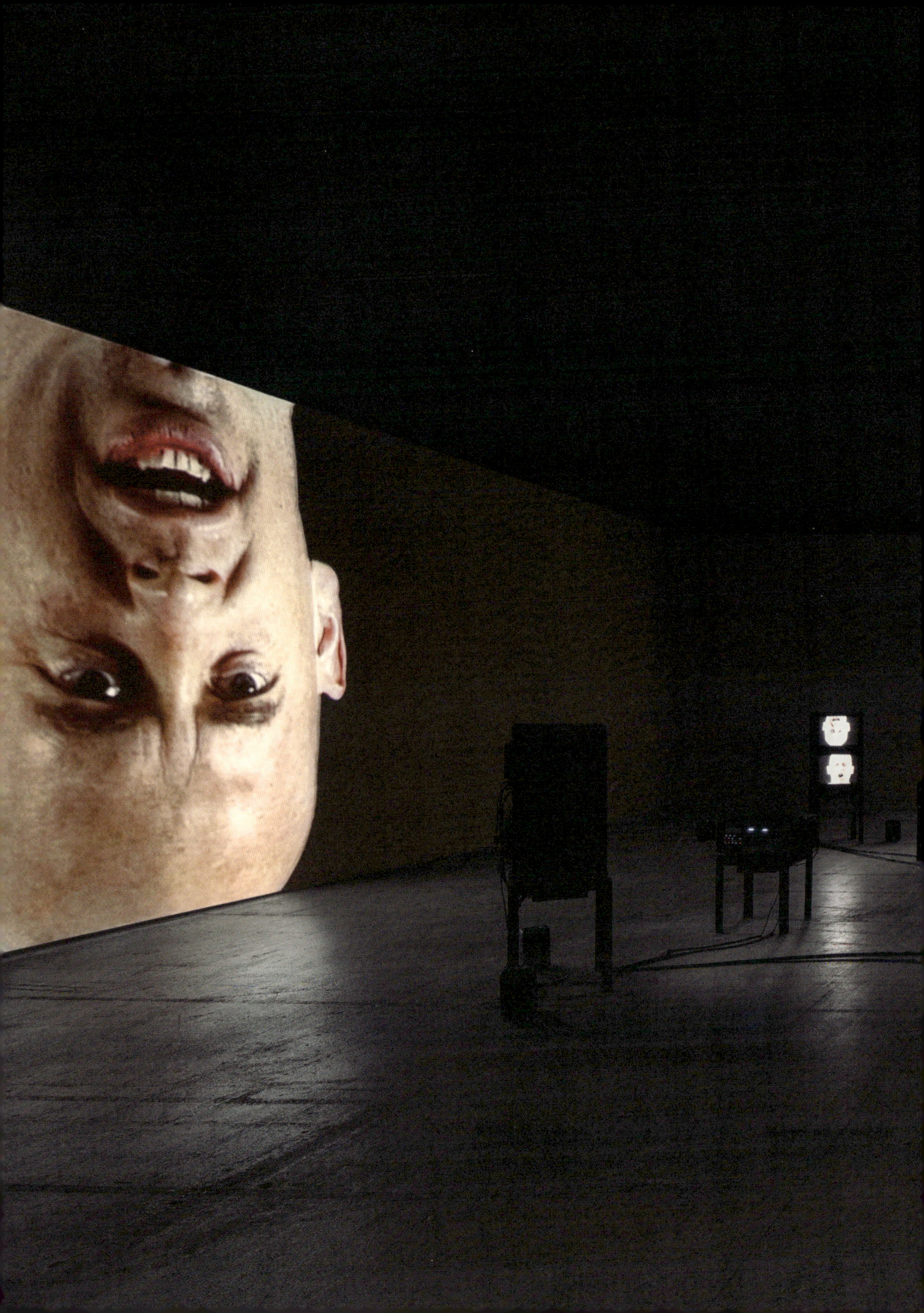

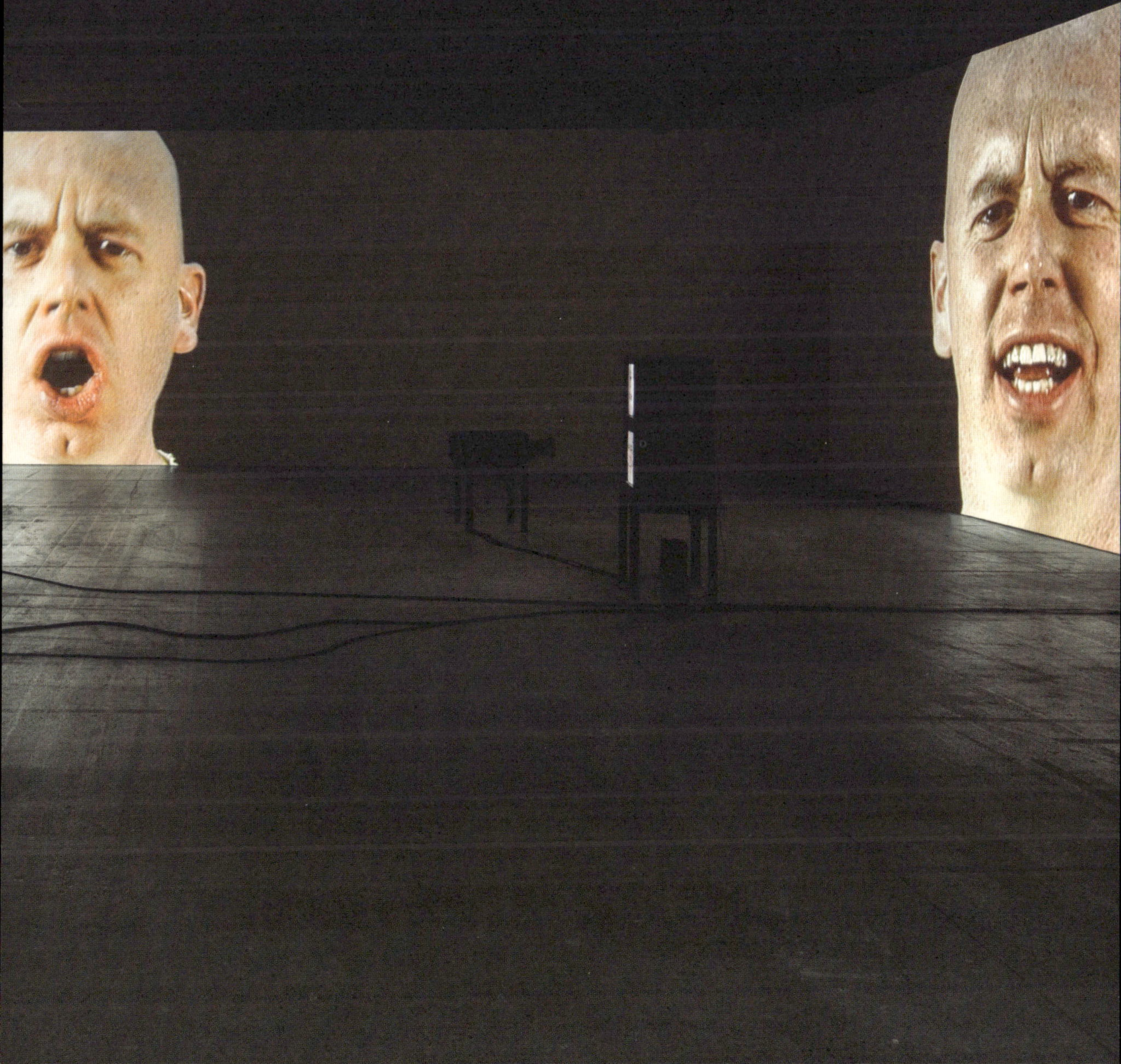

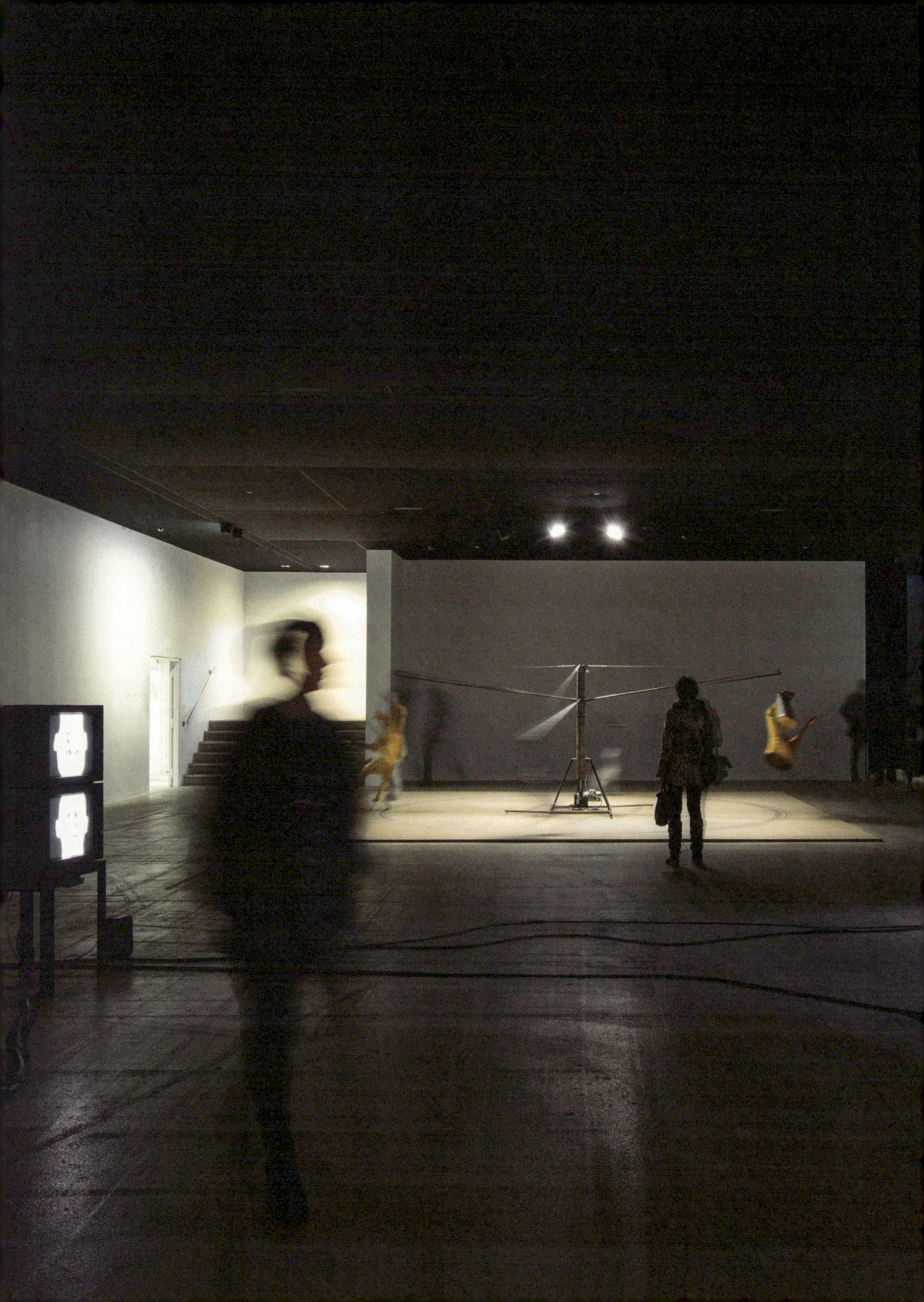

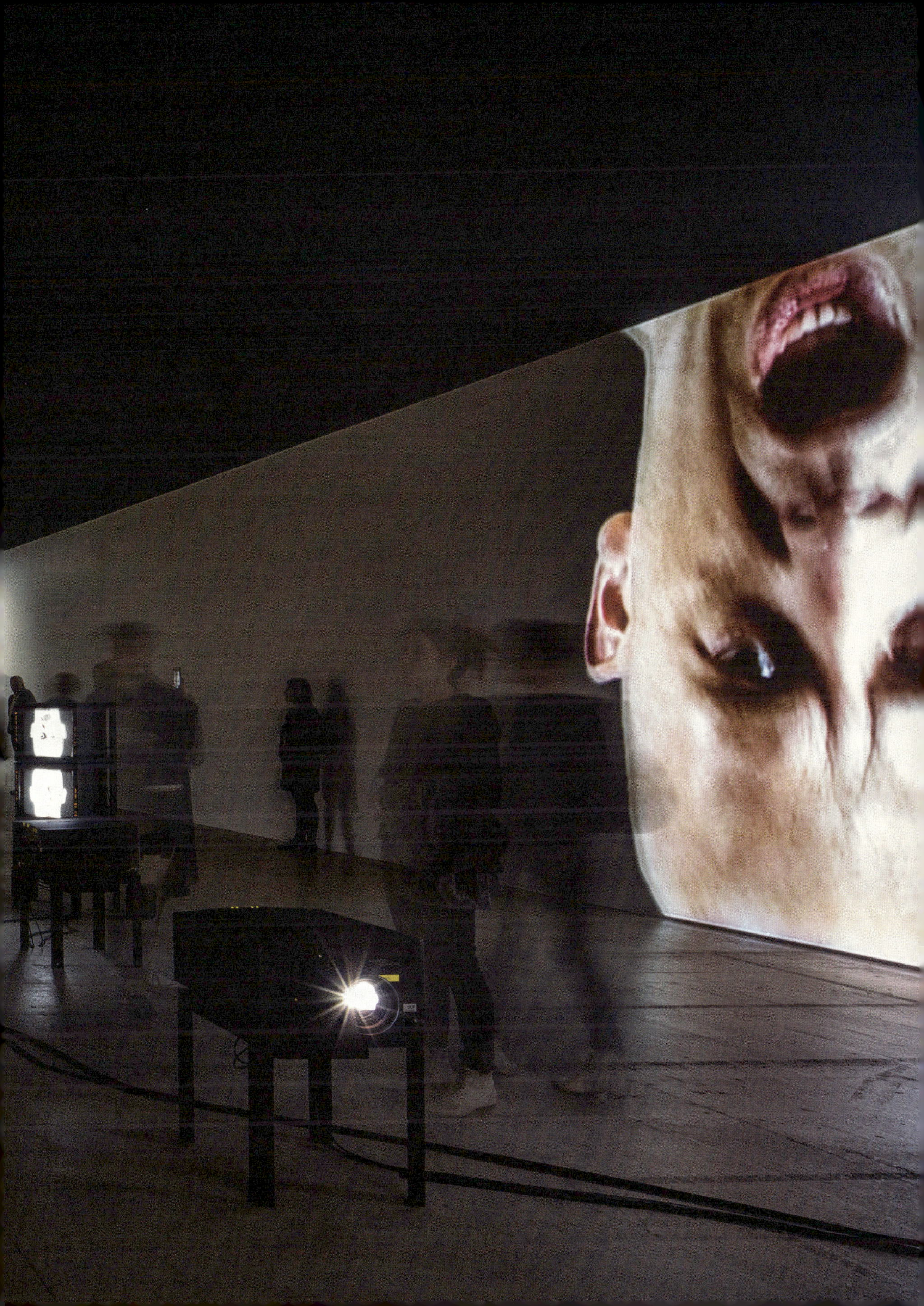

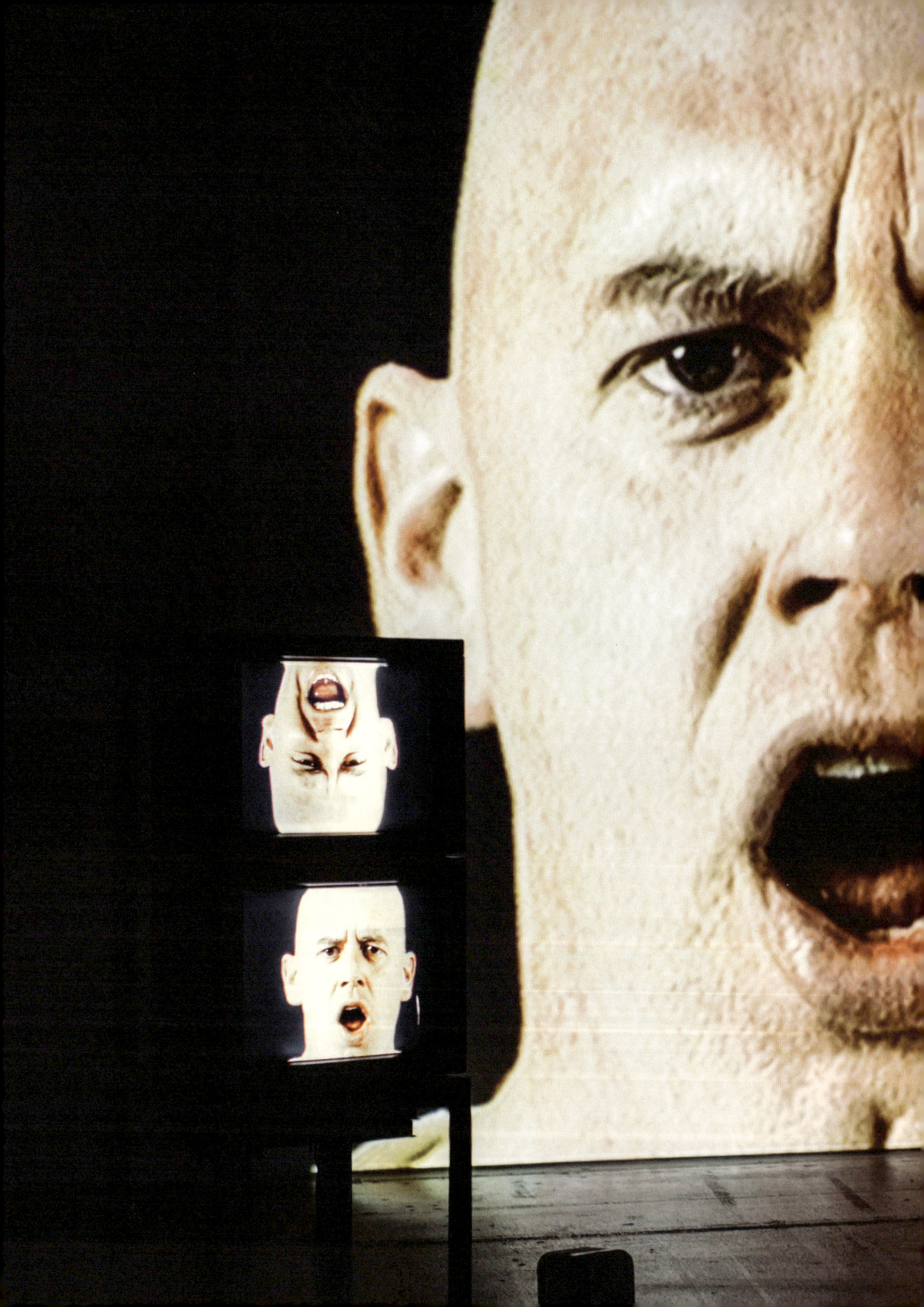

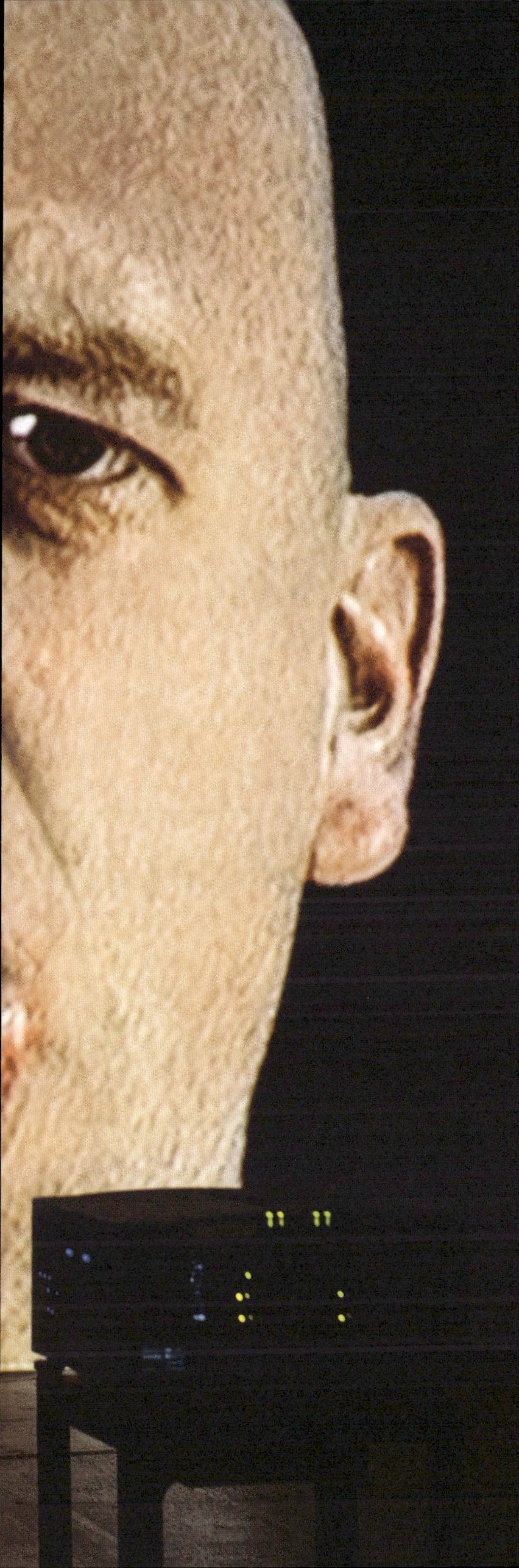

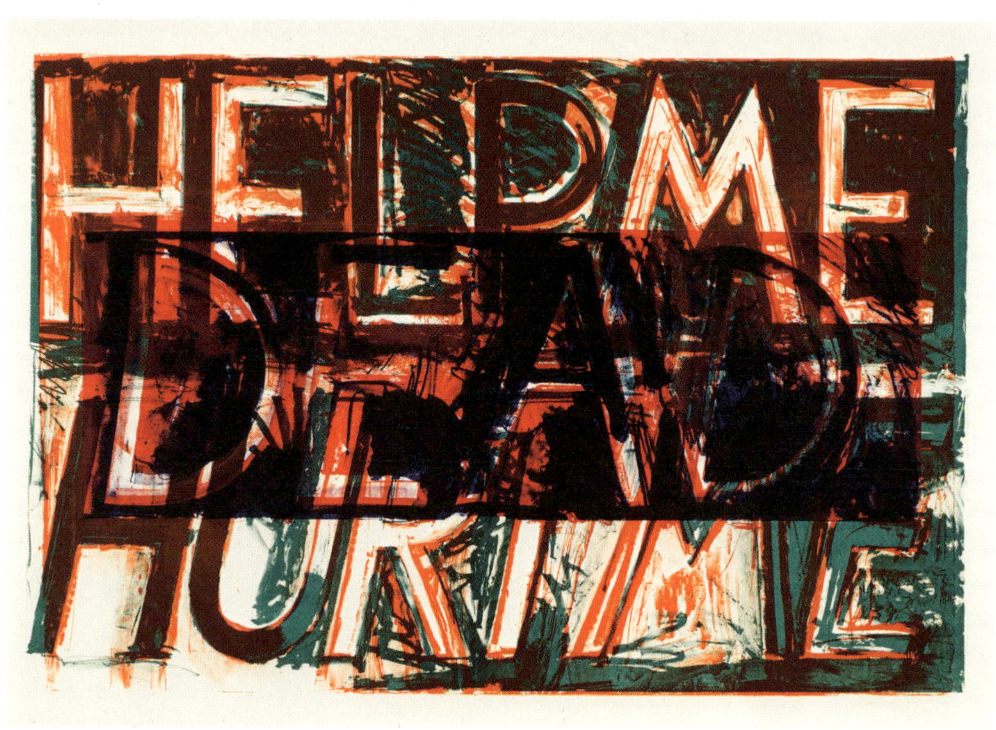

Help Me Hurt Me, 1975
Lithographie couleur / Color lithograph
91,5 × 129,5 cm

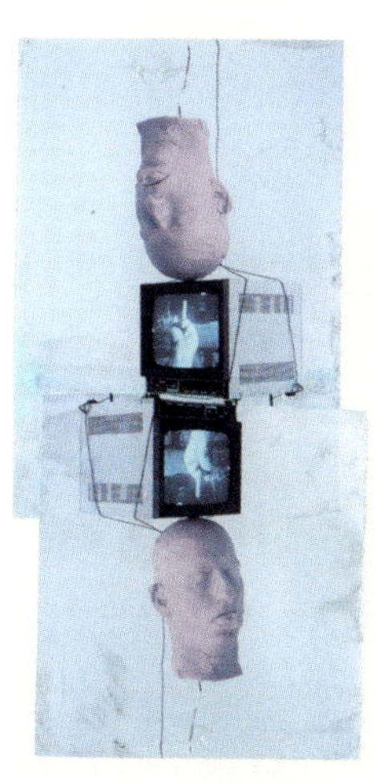

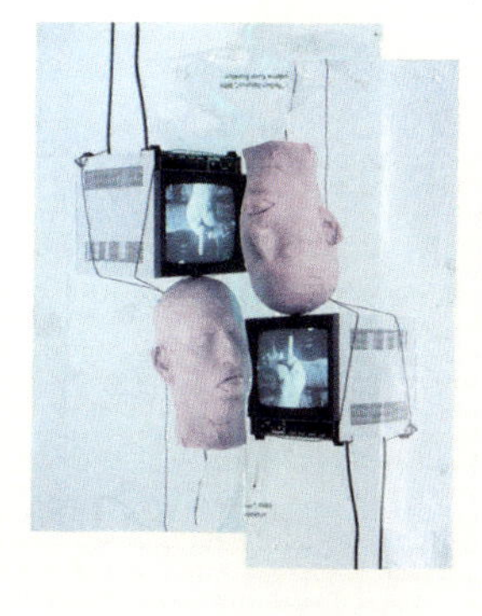

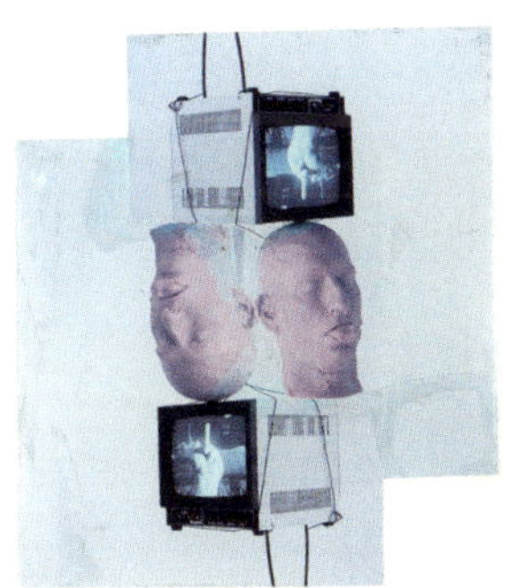

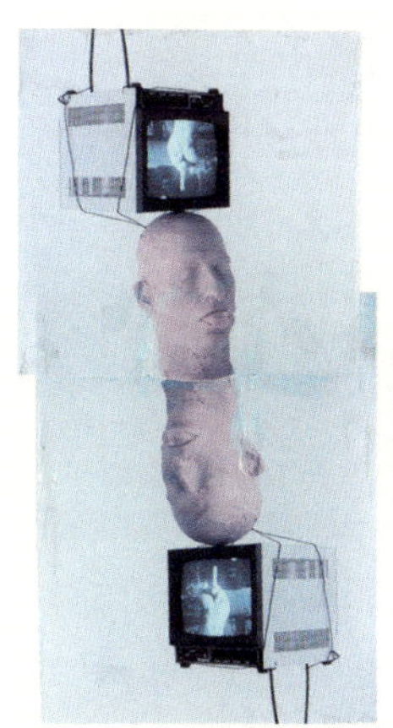

Frankfurt Collage, 1990
Collage
48,5 × 35,5 cm (chaque / each)

Feed me
Help me
Eat me
Hurt me

Feed me
Hurt me
Eat me
Help me

Feed me
Eat me
Help me
Hurt me

Paroles d'*Anthro/Socio* écrites par Bruce Nauman
Lyrics to *Anthro/Socio* by Bruce Nauman, 1991
Encre sur papier / Ink on paper, 29 × 21,5 cm

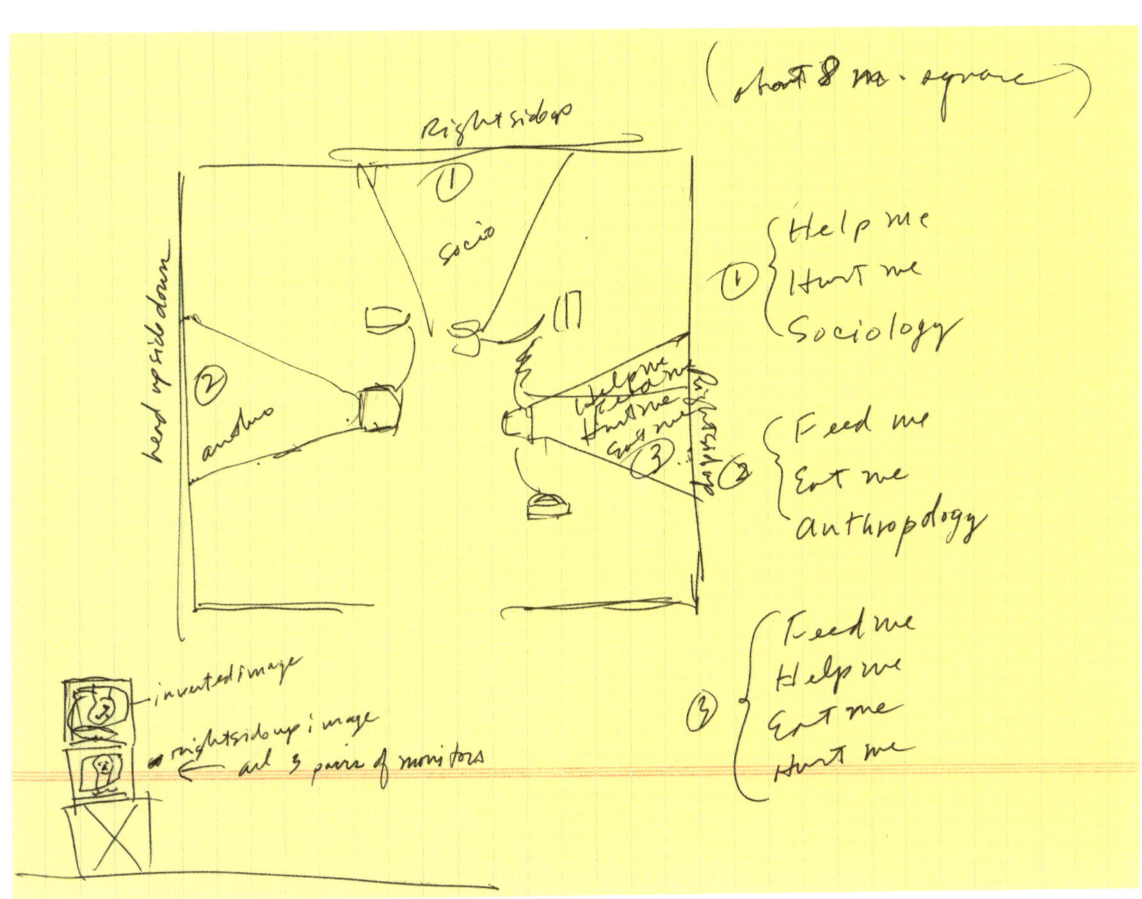

Croquis de Bruce Nauman pour *Anthro/Socio*
Sketch by Bruce Nauman for *Anthro/Socio*, 1992
Encre sur papier / Ink on paper, 21,5 × 29 cm

Une incantation pour notre temps

Robert Storr

Les sciences sociales reposent sur le principe selon lequel la possibilité est donnée à l'humanité de se connaître elle-même par le moyen d'un auto-examen analytique, empirique et rigoureux, par l'observation assidue et l'analyse complète des faits de notre comportement et du contexte, avec pour objectif la mise au jour des conditions fondamentales de notre être-au-monde. La maîtrise de ces « données » nous apporterait dès lors l'assurance de pouvoir découvrir le chemin menant vers notre propre perfectionnement, vers une définition plus rationnelle de ce que signifie être humain, ainsi que vers des moyens plus systématiques de canaliser ce potentiel afin de créer des individus plus heureux et une société meilleure. Optimiste produit du Siècle des lumières, les sciences sociales sont nées de la conviction que le triomphe de la Raison sur la superstition serait définitif et ouvrirait la voie à un progrès illimité et, à terme, à une compréhension et une maîtrise absolues de la Nature en général et de la nature humaine en particulier.

Certains réaffirment encore inébranlablement cette conviction. Pour l'étayer, ils opposent l'avenir idyllique qu'offriraient les sciences sociales aux sombres perspectives qui nous attendent si nous poursuivons sur le chemin des instincts débridés et des mœurs incontestées. Étudier les us et coutumes pour mieux les transformer, discipliner ou sublimer les pulsions « antisociales » afin d'éradiquer les dissensions, briser les habitudes pour instiller une « seconde nature » plus rationnelle sont par conséquent devenus les objectifs des anthropologues, des psychologues et des sociologues.

Dans les années 1960, alors que Bruce Nauman était étudiant, le « behaviorisme », ou psychologie du comportement, était l'une des tendances dominantes en sciences sociales (Bruce Nauman s'était d'abord inscrit en musique, puis il bifurqua par la suite vers les beaux-arts mais, conformément au programme d'études en lettres et sciences sociales en vigueur aux États-Unis à l'époque, il bénéficia également d'une introduction à d'autres matières, notamment la psychologie). Telles que théorisées et mises en pratique par le professeur B. F. Skinner de l'université Harvard, les méthodologies behavioristes s'articulaient sur le principe de la possibilité d'inculquer à un animal la réalisation d'une action quelconque en le soumettant à un ensemble cohérent de mesures incitatives et dissuasives – par exemple en proposant eau et nourriture à un rat enfermé dans un labyrinthe, ou en l'en privant – confirmant ainsi l'issue prédéterminée par le dresseur. En administrant de manière adéquate récompenses et punitions dans un environnement ainsi contrôlé (appelé boîte de Skinner), il devait être possible d'obtenir des résultats comparables avec des êtres humains. Pour démontrer sa thèse, Skinner alla même jusqu'à faire l'expérience d'élever son propre enfant dans une telle boîte, portant toutefois le nom rassurant de « berceau climatisé ». Skinner, avec sa crinière de cheveux ondulés et l'utopie absolue de ses certitudes (*Walden 2*, le roman qu'il publia en 1948, empruntait son titre au nom d'un lac des environs de Boston où au XIXe siècle le transcendantaliste Henry David Thoreau avait aménagé son ermitage), avec ses solutions radicalement réductrices et son mépris fondamental du libre arbitre, était l'incarnation parfaite du « savant fou ».

1. *Rats and Bats (Learned Helplessness in Rats II)*, 1988
2. *Learned Helplessness in Rats (Rock and Roll Drummer)*, 1988

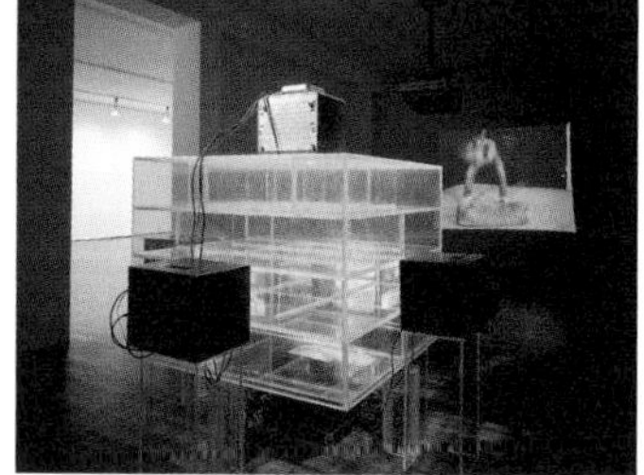

1.

2.

An Incantation for Our Time

Robert Storr

The social sciences are predicated on the notion that humankind can come to know itself through rigorously empirical self-examination and analysis, through assiduous observation and thorough parsing of the facts of our conduct and context with the goal of revealing the fundamental terms of being in the world. Command of this "data" in turn promises to show us the path to self-improvement, to a more rational definition of what it means to be human, along with more systematic ways of channeling that potential into creating happier individuals and a better society. An optimistic product of the Enlightenment, the social sciences grew out of the conviction that Reason would definitively triumph over superstition, opening a path to unlimited progress and ultimately to a comprehensive understanding of and mastery over Nature in general, as well as over our own natures in particular.

There are still those who unwaveringly hew to this belief. In support of it they contrast the rosy future the social sciences appear to offer to the grim prospects we face if we continue along the path of unfettered instinct and unquestioned mores. Accordingly, studying customs the better to transform them, disciplining or sublimating "anti-social" impulses so as to eliminate discord, and breaking habits so as to instill a more rational "second nature" became the objects of anthropologists, psychologists, and sociologists.

During the 1960s, when Bruce Nauman attended university—he started out in music and shifted to art but in keeping with the American liberal arts curriculum of the day was also introduced to other fields including psychology—"Behaviorism" was among the dominant tendencies in the social sciences. As theorized and practiced by Harvard University professor B. F. Skinner, its methodologies hinged upon the premise that animals could be taught to do more or less anything if presented with a consistent set of incentives and disincentives—for example, providing a rat in a maze with food and water or withholding them—that reinforced the outcome predetermined by the trainer. Properly administered rewards and punishments in a comparably controlled environment (known as a Skinner box) could achieve the same results with men and women. To prove his point, Skinner even went so far as to experiment with raising his own child in such a box albeit one with the relatively benign name of "the air crib." With his shock of wavy hair, utter utopian certainty—in 1948 he published a novel that borrowed its title, *Walden Two*, from the lake near Boston, Massachusetts where the nineteenth-century Transcendentalist Henry David Thoreau set up his hermitage—radically reductive solutions, and basic disregard for free will, creativity or emotional complexity, Skinner was the perfect incarnation of "the mad social scientist."

Skinner boxes, or their equivalent, have framed much of Nauman's thinking and provided motifs for several of his pieces. Preoccupied, on the one hand, by the compulsive repetition of futile actions, Nauman deployed this paradigm in *Rats and Bats (Learned Helplessness in Rats II)* (1988) (1), an infernal panopticonic labyrinth made of Plexiglas coupled with an ancillary video of a man aggressively pounding a cushion with a baseball bat. Concerned, on the other hand, with how people train themselves to perform difficult tasks, he used it again in *Learned Helplessness in Rats (Rock and Roll Drummer)* (1988) (2), a noisier but relatively positive representation of voluntary repetition where a young man

Les boîtes de Skinner, ou leurs équivalents, ont souvent servi de cadre à la pensée de Bruce Nauman et fourni le motif de plusieurs de ses pièces. Préoccupé, d'une part, par la répétition compulsive d'actions vaines, Bruce Nauman développe ce paradigme dans *Rats and Bats (Learned Helplessness in Rats II)* (1988) (1), un labyrinthe panoptique infernal de plexiglas associé à une vidéo auxiliaire montrant un homme frappant violemment un gros sac avec une batte de base-ball. S'intéressant, d'autre part, à la façon dont les gens s'entraînent pour accomplir des tâches difficiles, il a recours au même paradigme dans *Learned Helplessness in Rats (Rock and Roll Drummer)* (1988) (2), une vidéo représentant une répétition volontaire, plus bruyante que la précédente mais relativement positive, au cours de laquelle un jeune homme essaie d'apprendre un riff de batterie et qui est projetée à côté d'un autre labyrinthe du même type. Ensemble, ces deux œuvres semblent être à la fois une critique de l'incapacité du behaviorisme à corriger les défauts du caractère humain et une métaphore du combat irrésolu entre l'aspiration à la maîtrise de soi et la crainte de devoir la perdre, aggravé par la reddition inévitable face à la frustration. Sous une lumière crue, dans cette juxtaposition cacophonique d'éléments paraissant incommensurables, ces deux installations constituent d'absurdes allégories existentielles à tous égards dignes de Beckett, mais bien différentes de tout ce que l'auteur a pu mettre en scène.

Les musiciens, danseurs, cow-boys et autres personnages qui figurent dans le travail de Bruce Nauman résument par leur habileté ou par leur gaucherie la quête de maîtrise du corps. Dans ses premières vidéos, s'essayant en amateur à jouer du violon (3) ou à exécuter des enchaînements chorégraphiques (4), Bruce Nauman incarne ce manque de dextérité, tout comme dans des vidéos récentes présentant des exercices de doigté qu'il s'évertue à effectuer pour certains lui-même, alors même qu'à l'extrême opposé des guitaristes professionnels montrent une virtuosité totale dans leur technique du *slide*.

Sous une perspective beckettienne, *Anthro/Socio (Rinde Facing Camera)* (1991) pourrait évoquer un chant grégorien émanant de la tête enterrée dans le sable de la pièce du maître franco-irlandais *Oh les beaux jours*. *Anthro/Socio (Rinde Facing Camera)* a été présentée pour la première fois l'année même de sa création au Museum of Modern Art de New York, à l'occasion de l'exposition *Dislocations* qui offrait un panorama d'installations contemporaines. Cette œuvre est constituée d'une grande salle plongée dans l'obscurité présentant trois grandes projections sur ses murs et dans laquelle sont éparpillées trois paires de moniteurs télé standards, chacun étant programmé pour diffuser deux courtes vidéos, soit à l'endroit, soit à l'envers. Sur les écrans, la tête rasée de l'artiste performeur Rinde Eckert psalmodie trois courtes phrases : « Nourris-moi / Mange-moi / Anthropologie », « Aide-moi / Blesse-moi / Sociologie » et « Nourris-moi / Aide-moi / Mange-moi / Blesse-moi ». Prononcée simultanément d'une voix de stentor hantée par l'angoisse, cette synthèse contradictoire d'ordres et de supplications emplit la semi-obscurité d'une assourdissante confusion de mots. Toutefois, si le spectateur / auditeur reste suffisamment longtemps dans la salle, le vacarme commence à se résoudre en phrases retentissantes qui résonnent dans des registres distinctement différents. Étant le commissaire de cette exposition, il s'est trouvé qu'un après-midi, alors que je déambulais dans les salles pendant les heures de fermeture, j'ai découvert l'artiste étendu sur le sol, immergé dans ce mélange retentissant de timbres vocaux. Parfaitement à son aise, Bruce Nauman écoutait un chœur à une voix.

Un chœur qui, en tant que tel, devient la projection orale tout aussi bien que visuelle d'une ambivalence collective articulée par le texte et le chanteur. Les sciences sociales sont-elles autant de Frankenstein épistémologiques ? Nous aideront-elles ou nous blesseront-elles, nous nourriront-elles ou nous mangeront-elles ? « Les deux », telle est sans aucun doute la réponse. En se contraignant soi-même ou – comme l'artiste lui-même – en se laissant absorber par l'hypnotique litanie d'*Anthro/Socio (Rinde Facing Camera)*, on en vient à songer à Goya. Non au Goya cher aux romantiques, symbolistes et surréalistes qui voyaient en lui l'archétype de l'antirationaliste, ce Goya dont les *Caprichos* fantasmagoriques contiennent la célèbre gravure de l'homme assailli dans son sommeil par un vol de chouettes démoniaques – l'oiseau emblème d'Athéna et antique symbole de la sagesse – sous le titre *Le sommeil de la raison produit des monstres*. Mais plutôt au Goya homme des Lumières désillusionné, vivant dans une Espagne plongée dans les ténèbres et espérant en la venue des troupes napoléoniennes les émissaires de la Raison révolutionnaire, pour découvrir qu'elles ne sont autres que des monstres de cruauté et de destruction. Bruce Nauman ne doit rien, bien entendu, au romantisme, ni au symbolisme ni au surréalisme, quoique le grotesque et l'étrangeté de son art profondément déconcertant soient à l'égal de tout ce qu'ont pu produire ces trois mouvements. Il ne montre pas plus de points communs avec l'autre Goya, hormis en ce qui concerne le désenchantement que suscitent nos prétentions à vouloir transcender – par la force de la volonté ou par un dessein renforcé sous la contrainte – nos pulsions et nos désirs les plus profonds. Mais c'est déjà beaucoup.

attempts to teach himself to riff on a drum set next to another such labyrinth. Taken together they would seem to be both a critical commentary on Behaviorism's failure to correct the flaws in human character and a metaphor for the forever unresolved struggle between the aspiration for self-control and the fear of losing it, compounded by an inevitable surrender to frustration. With the cacophonous, harshly lit juxtaposition of seemingly incommensurable elements, the two installations constitute absurd existential allegories worthy in every way of Beckett, yet unlike anything he ever staged.

In Nauman's work, musicians, dancers, cowboys, and others, whose dexterity or lack of it epitomize the quest for command over the body. In his early video's Nauman own amateur attempts at playing a violin (3) or performing a dance routine (4) embody that lack of dexterity, as do the finger exercises of recent videos some of which he himself tries out even as, at the opposite extreme, professional slide guitarists demonstrate total virtuosity.

3. *Playing a Note on the Violin While I Walk Around the Studio*, 1967-1968
4. *Dance or Exercise on the Perimeter of a Square (Square Dance)*, 1967-1968

3. 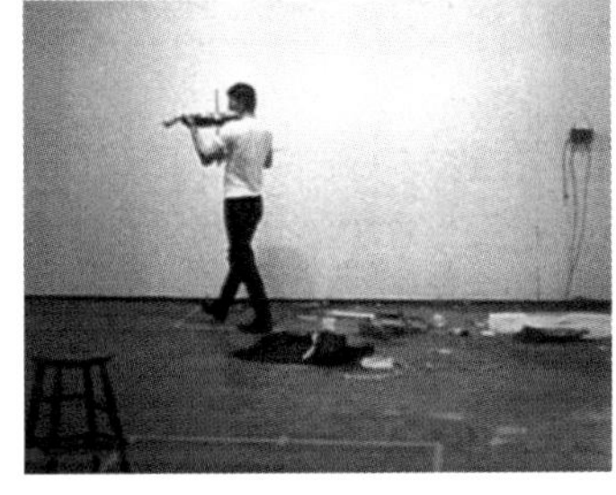

4. 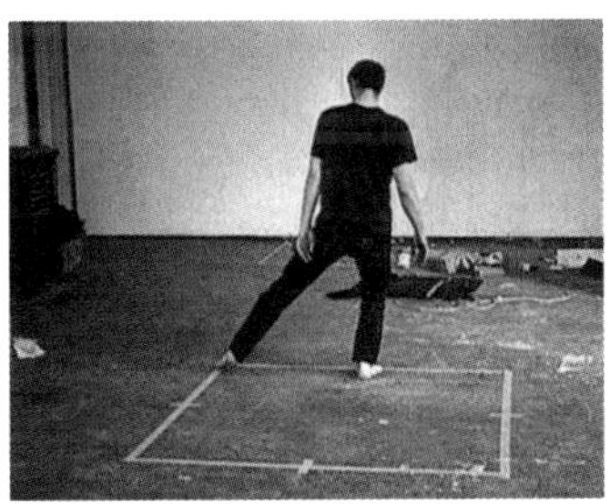

From a Beckettian perspective, *Anthro/Socio (Rinde Facing Camera)* (1991) might be thought of as akin to Gregorian chant emanating from a head buried in the sand in the Franco-Irish master's *Happy Days*. First exhibited in *Dislocations*, a survey of contemporary installations at the Museum of Modern Art the same year it was created, the work is composed of a large penumbrous room scattered around which are three large-format projections and three pairs of standard television monitors all programed with two short videos played right side up or upside down. On screen the shaven head of performance artist Rinde Eckert intones three brief phrases: "Feed Me / Eat Me / Anthropology," "Help Me / Hurt Me / Sociology," and "Feed Me / Help Me / Eat Me / Hurt Me." Simultaneously stentorian and anxiety ridden, these competing conflations of commands and pleas fill the semi-darkness with an initially deafening jumble of words. However, if the spectator/auditor lingers long enough, the din begins to resolve into resonant phrases in distinctly different registers. As the curator of the show, I had occasion one afternoon to walk into the gallery during off hours only to find the artist stretched out on the floor immersed in this resounding mixture of vocal timbres. Utterly at his ease, Nauman was listening to a chorus of one.

And, as such, the chorus becomes an aural as well as visual projection of collective ambivalence voiced by the text and the singer. Are the social sciences epistemological Frankensteins? Will they help us or hurt us, feed us or eat us? "Both" is undoubtedly the answer. Forcing oneself or — as the artist himself has done — allowing oneself be consumed by the hypnotic litany of *Anthro/Socio (Rinde Facing Camera)*, one is reminded of Goya. Not the Goya cherished by Romantics, Symbolists, and Surrealists as the archetypal anti-rationalist whose phantasmagorical *Caprichos* contain the famous etching of a somnolent man beset by a flock of demonic owls — the owl being emblematic of Athena and an ancient symbol of wisdom — that is captioned "The sleep of reason produces monsters." Rather one recalls Goya as a disillusioned man of the Enlightenment in benighted Spain awaiting Napoleon's troops as emissaries of Revolutionary Reason only to discover that they were monsters of cruelty and destruction. Indeed, Nauman owes nothing at all to Romanticism, Symbolism, or Surrealism though the profoundly disorienting grotesquery and uncanniness of his art equals anything issuing from those tendencies. And neither does he have much in common with the other Goya, except for disillusionment with any claims that we can, by force of will or coercively reinforced design, transcend our innate drives and desires. But that is a lot.

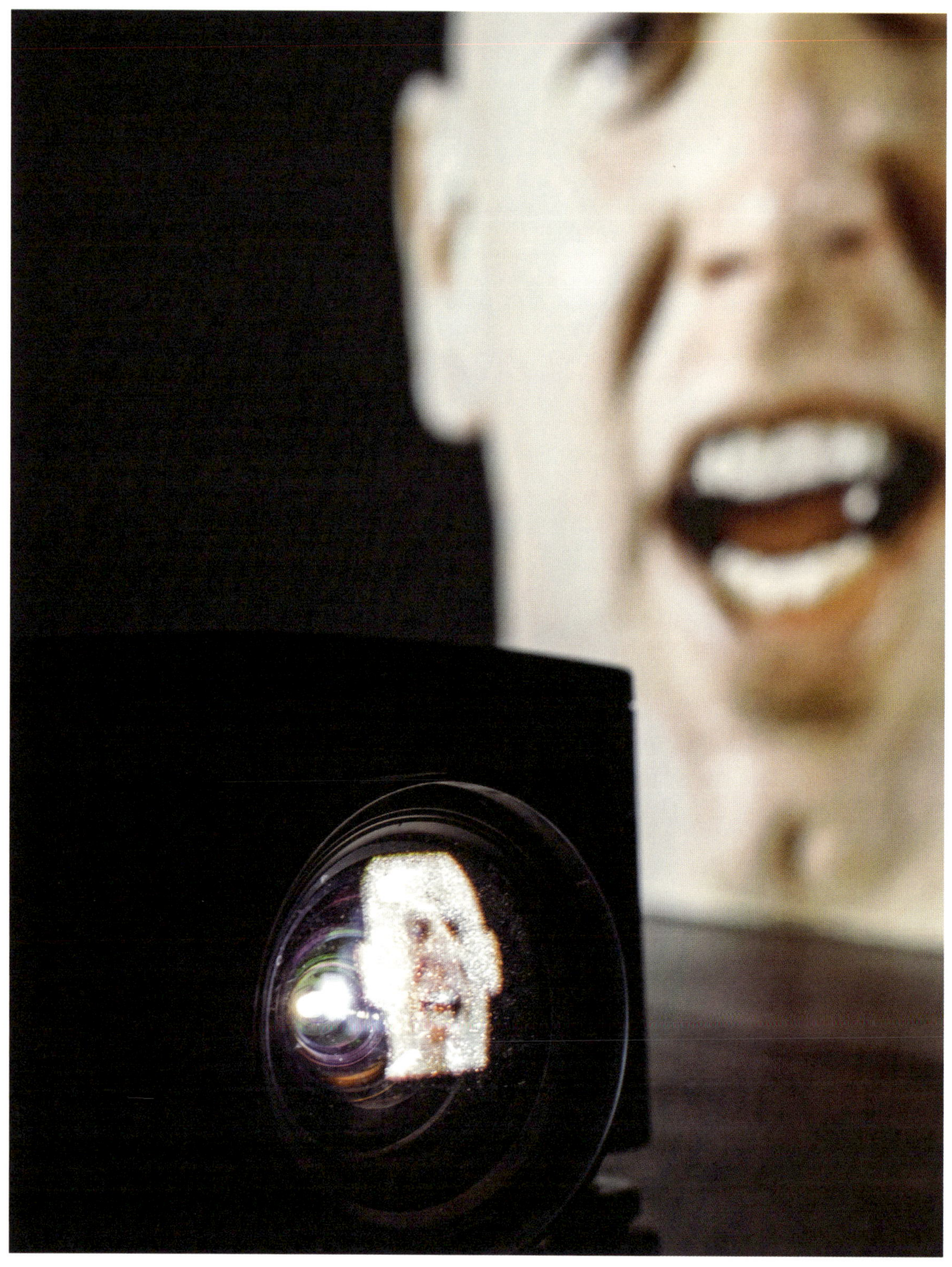

Anthro/Socio (Rinde Facing Camera), 1991
Fondation Cartier pour l'art contemporain,
Paris, 2015

Carousel
(Stainless Steel Version)

1988

***Carousel (Stainless Steel Version)*, 1988**
Acier inoxydable, aluminium moulé,
mousse polyuréthane, moteur électrique
Stainless steel, cast aluminum,
polyurethane foam, electric motor
213×549×549 cm
Glenstone

—

Expositions / Exhibitions

2015
Bruce Nauman, Fondation Cartier pour l'art contemporain, Paris

2013
Bruce Nauman: Mindfuck, Hauser & Wirth, Londres / London

2004
Noah's Ark, Cité de l'Énergie, Shawinigan, Canada

1992
Bruce Nauman, Ydessa Hendeles Art Foundation, Toronto

1990
Bruce Nauman: Skulpturen und Installationen, 1985-1990, Museum für Gegenwartskunst Basel, Bâle / Basel; Städtische Galerie, Städelsches Kunstinstitut, Francfort-sur-le-Main, Allemagne / Frankfurt am Main, Germany (1991); musée cantonal des Beaux-Arts, Lausanne (1991)

1988
Carnegie International, Carnegie Museum of Art, Pittsburgh

Pages suivantes / Following pages :
Carousel (Stainless Steel Version), 1988
Fondation Cartier pour l'art contemporain, Paris, 2015

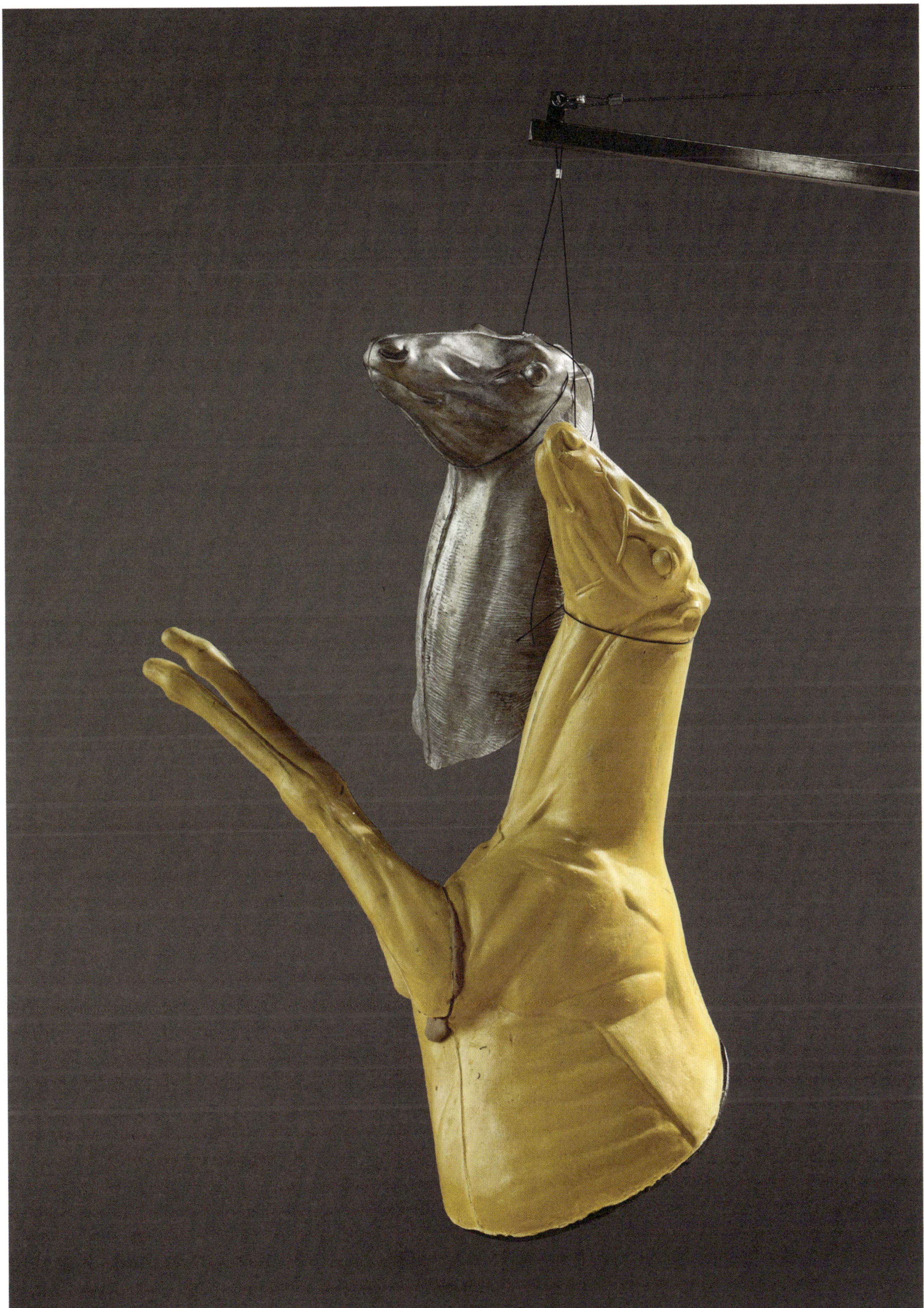

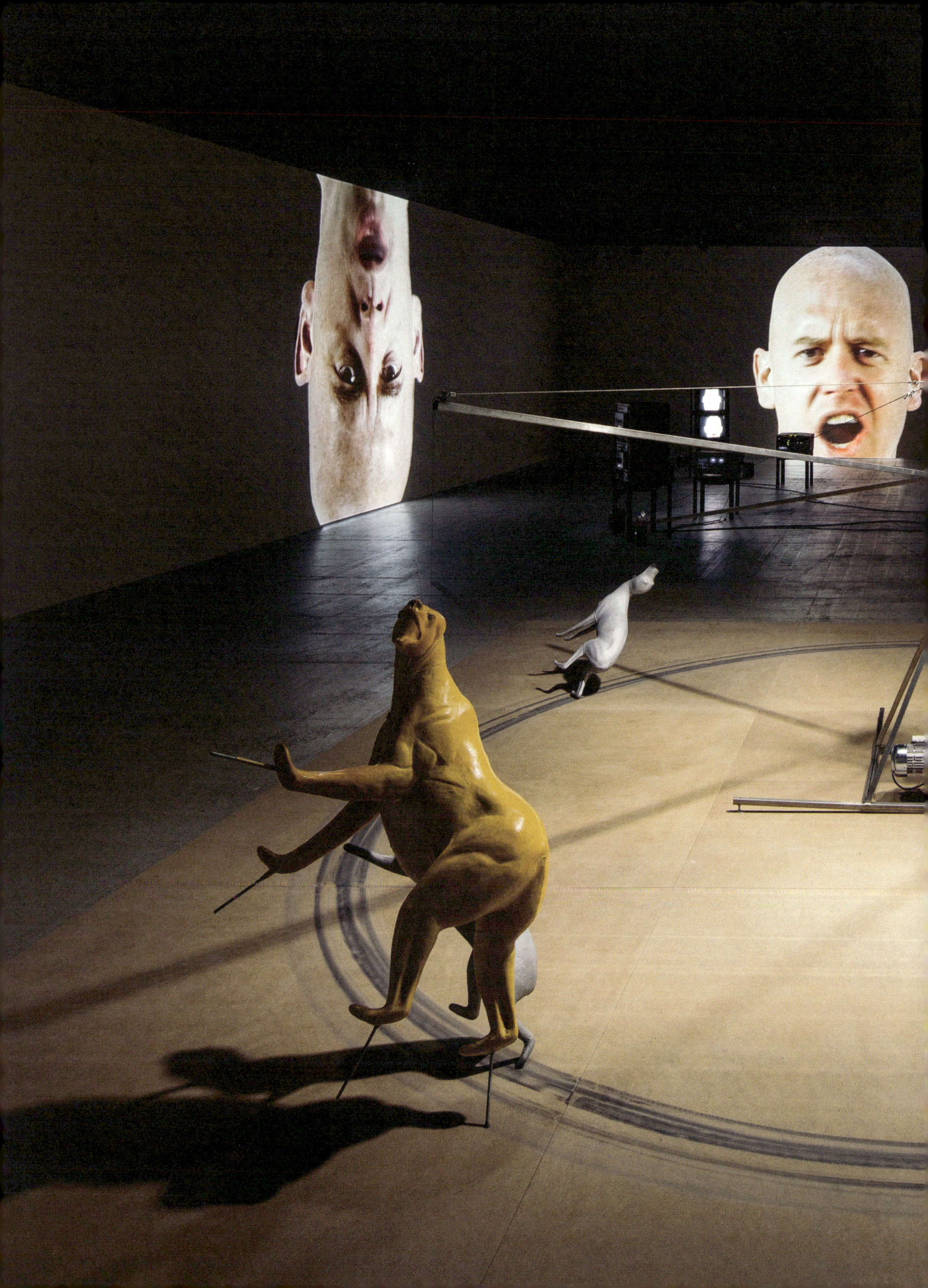

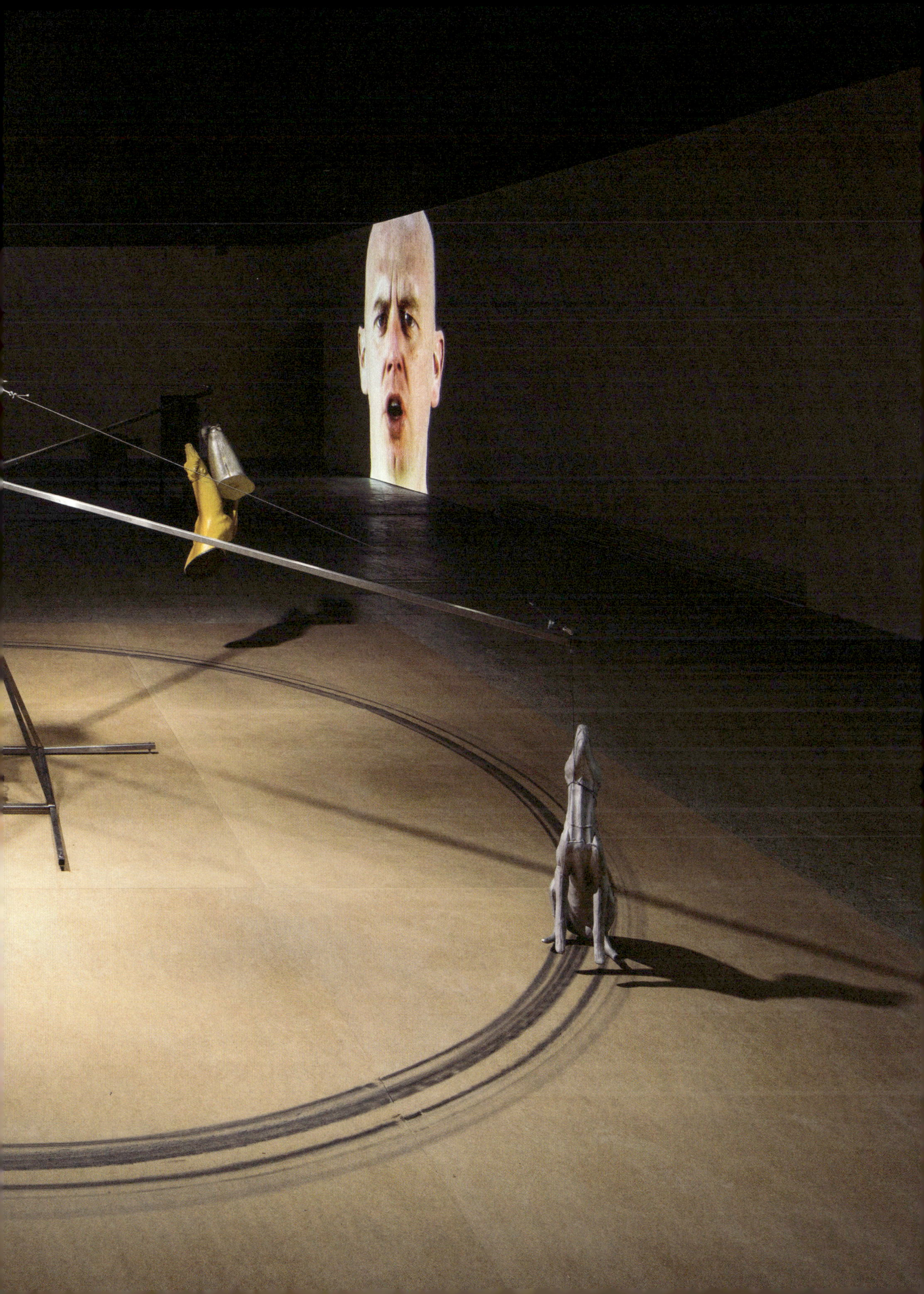

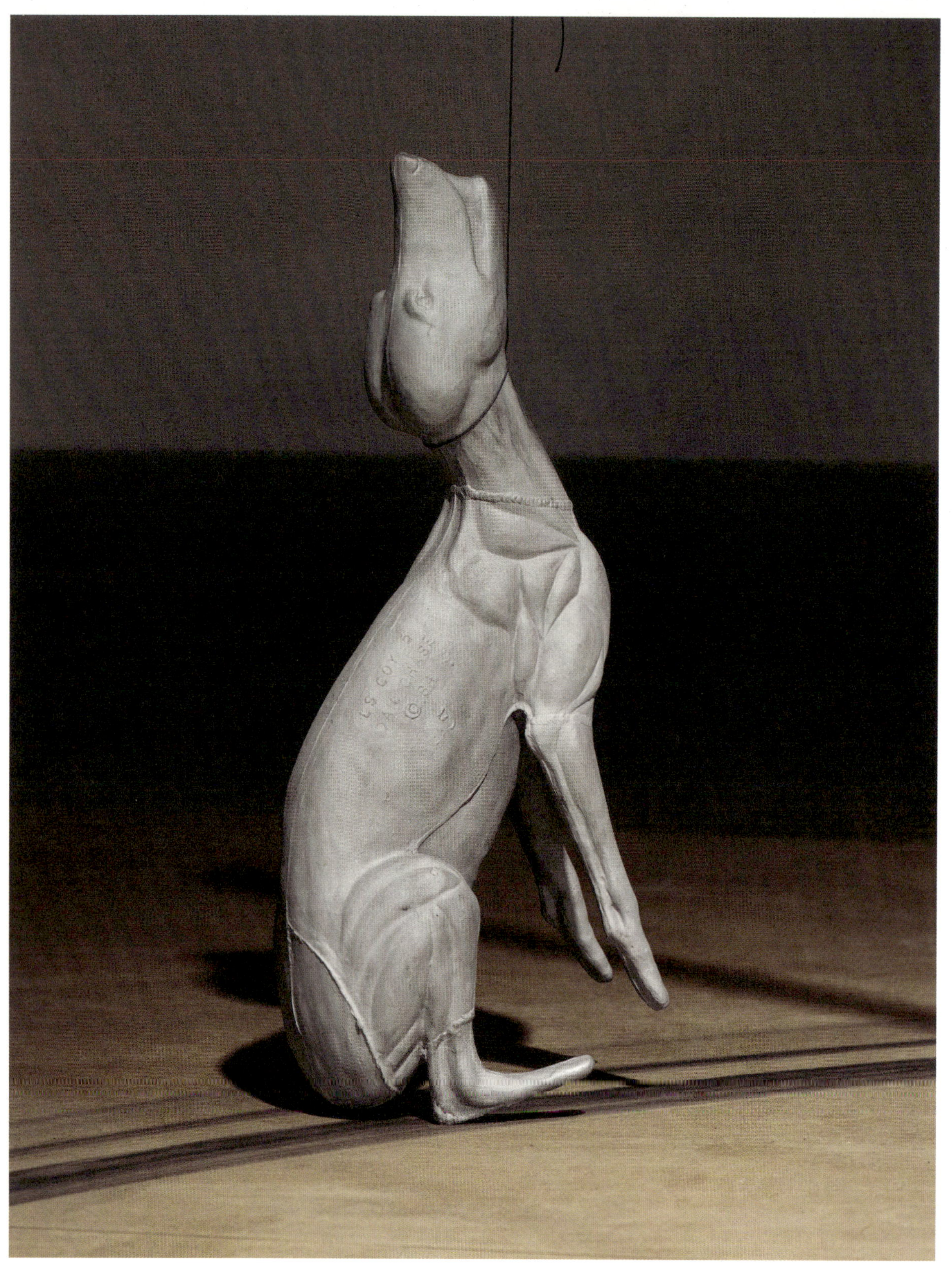

Carousel (Stainless Steel Version), 1988
Fondation Cartier pour l'art contemporain, Paris, 2015
Détails / Details

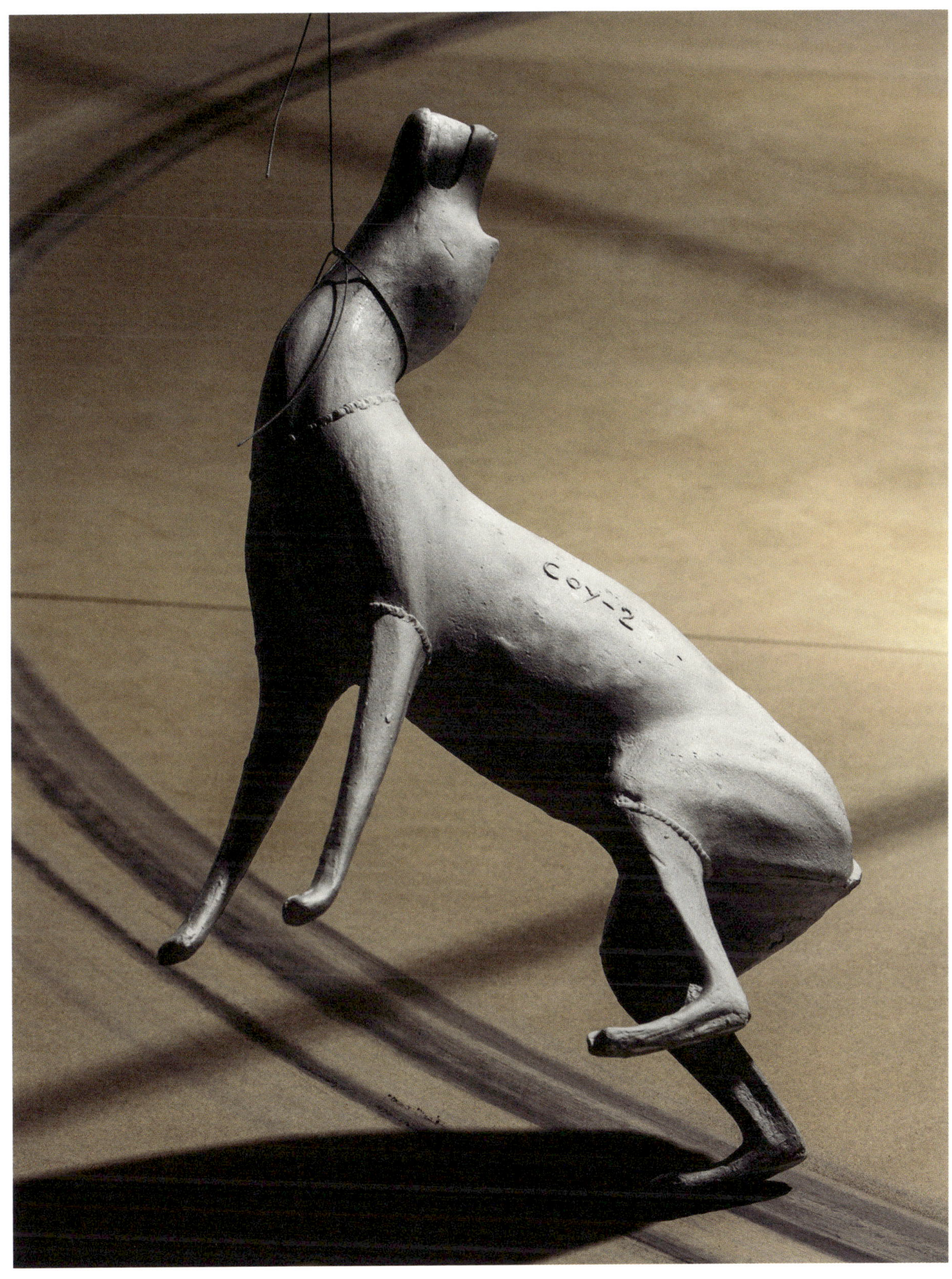
Coy-2

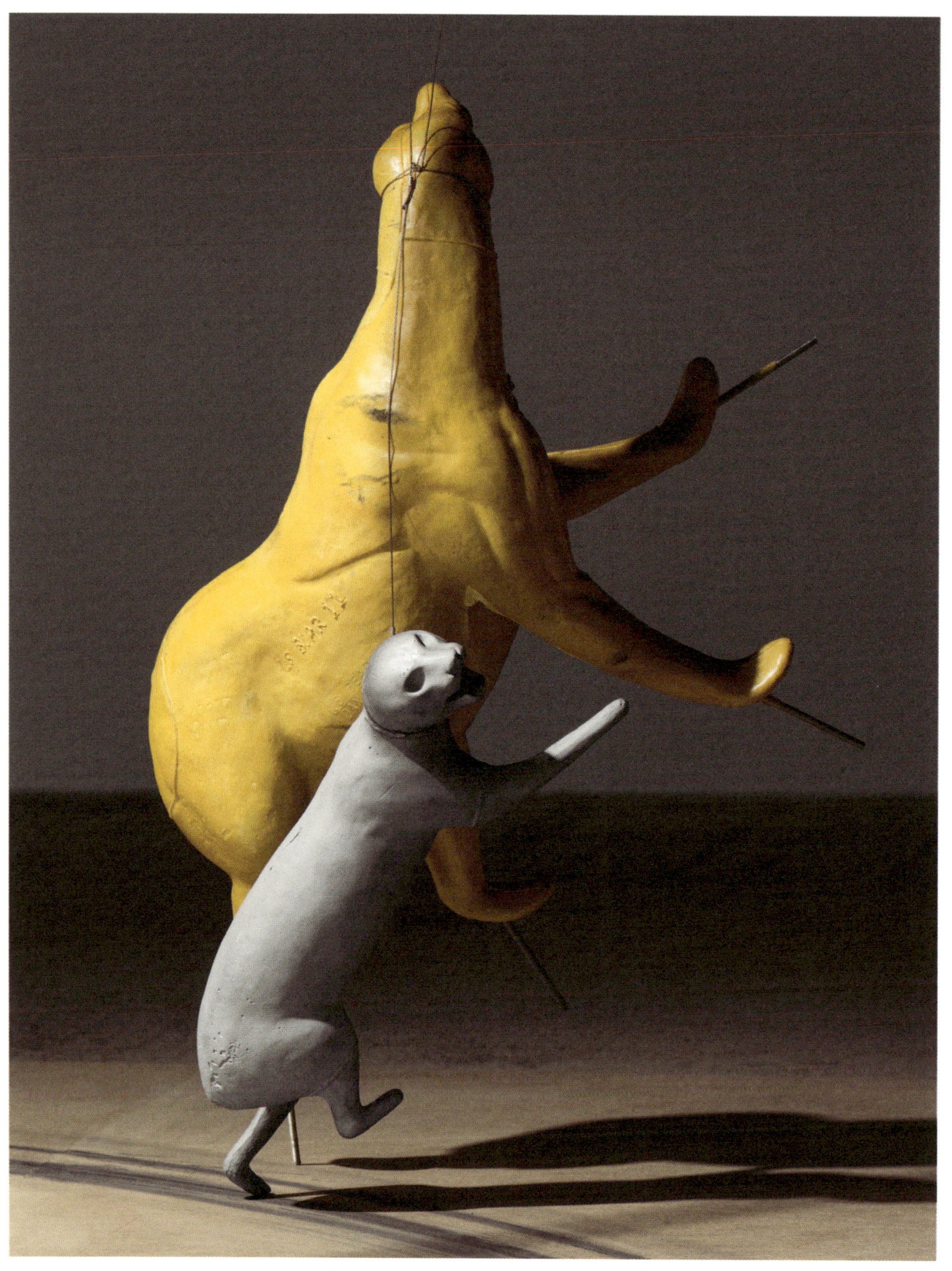

Carousel (Stainless Steel Version), 1988
Fondation Cartier pour l'art contemporain, Paris, 2015
Détails / Details

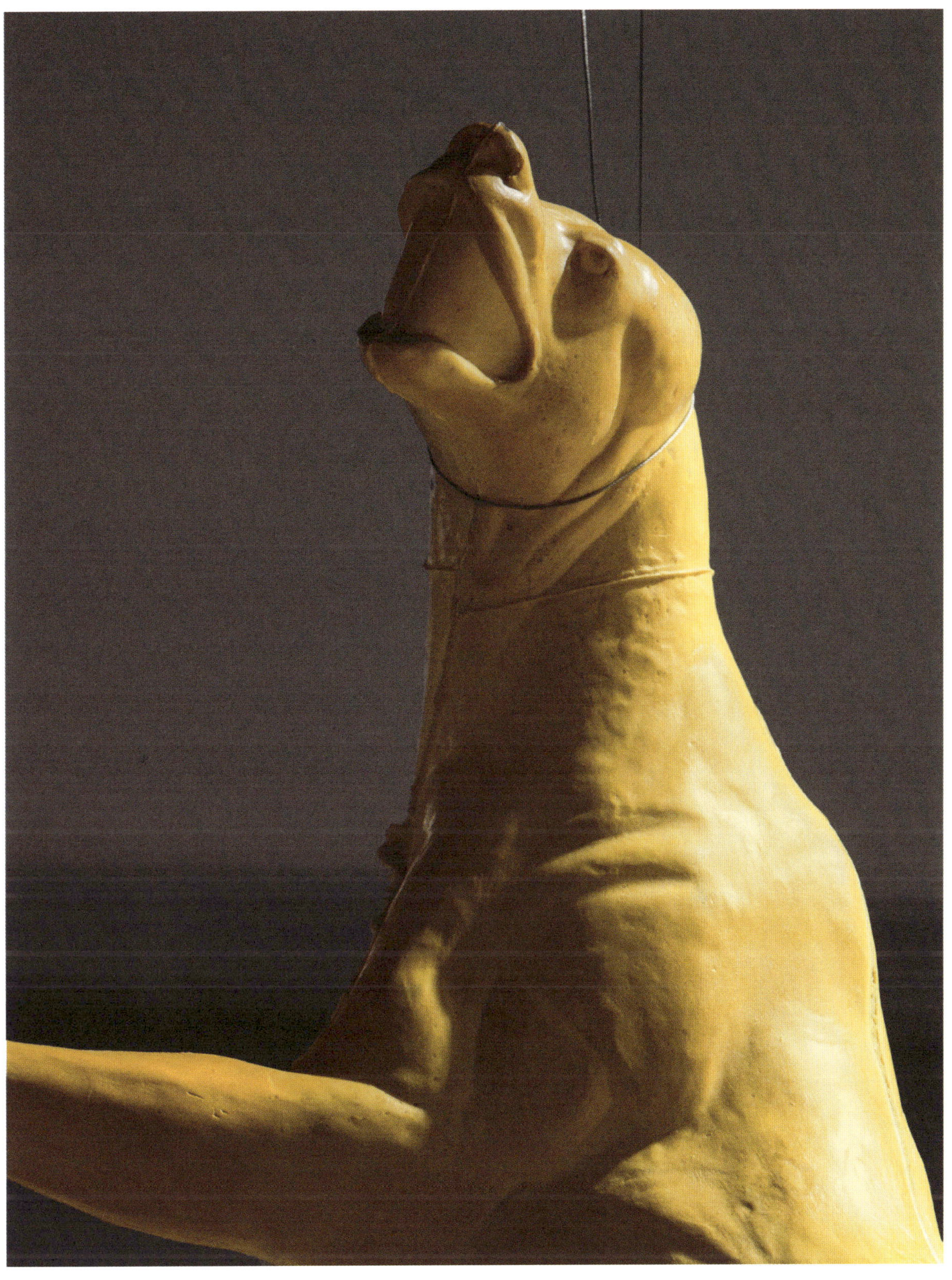

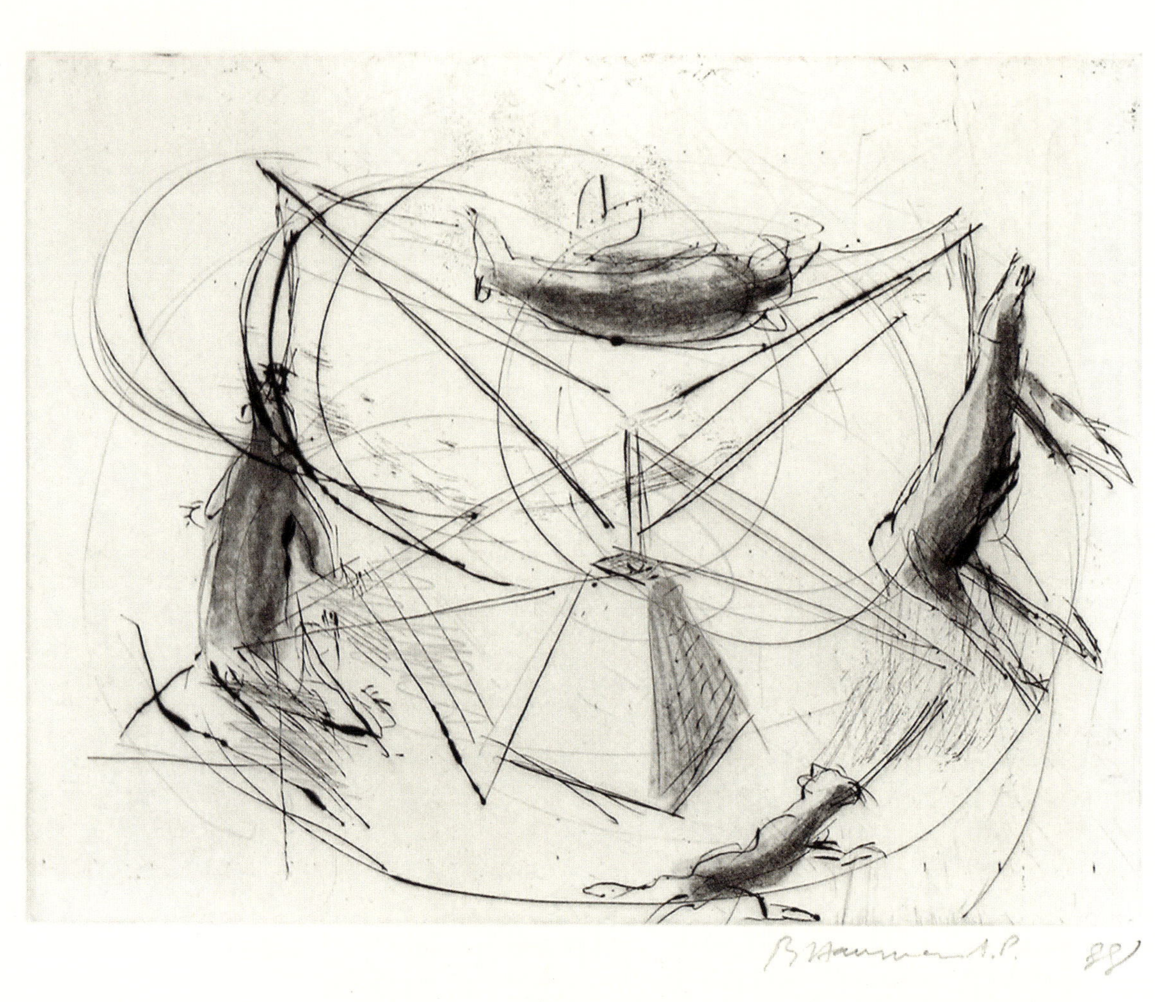

Small Carousel, 1988
Pointe sèche / Drypoint etching
39 × 44 cm

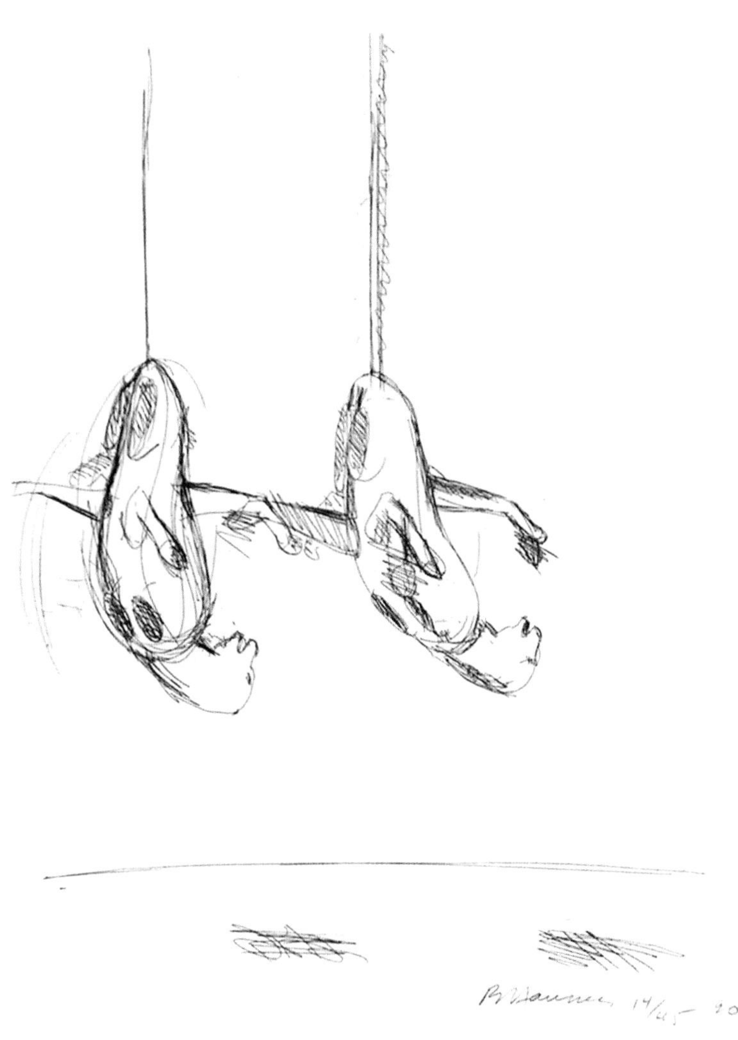

Untitled, 1989-1990
Eau-forte / Hard-ground etching
35,5 × 28 cm

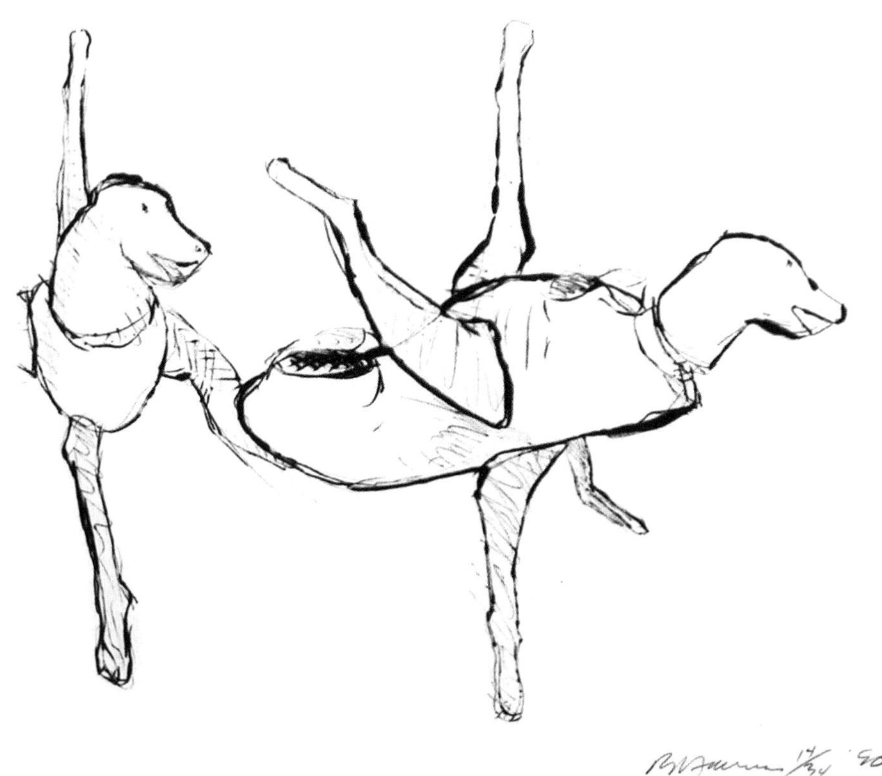

Untitled, 1989-1990
Eaux-fortes / Hard-ground etchings
28 × 35,5 cm (chaque / each)

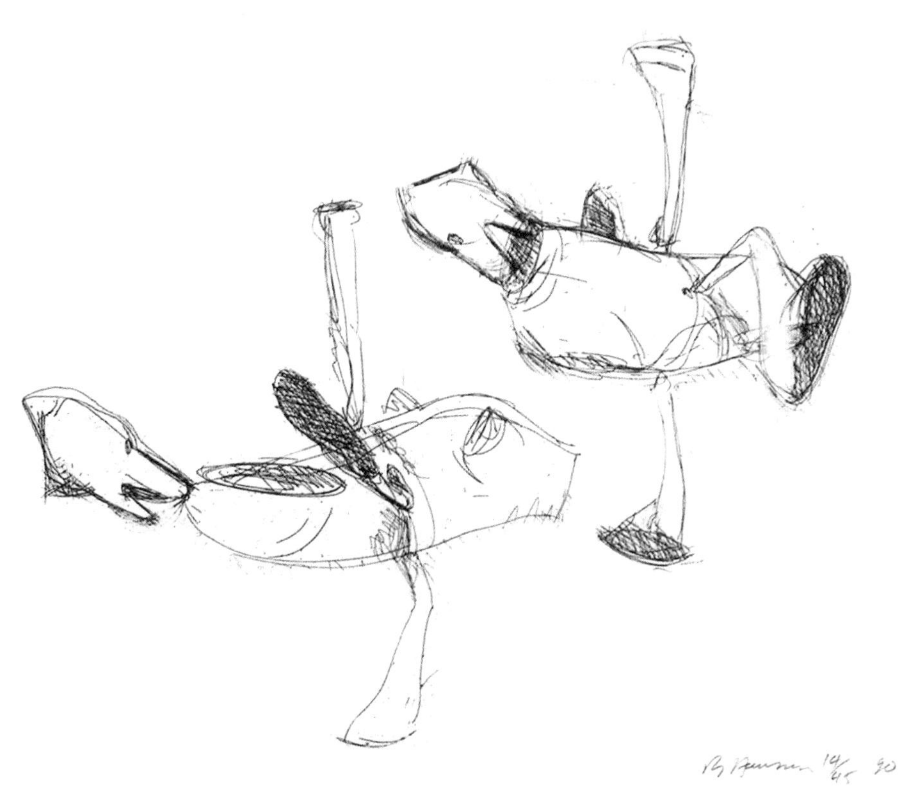

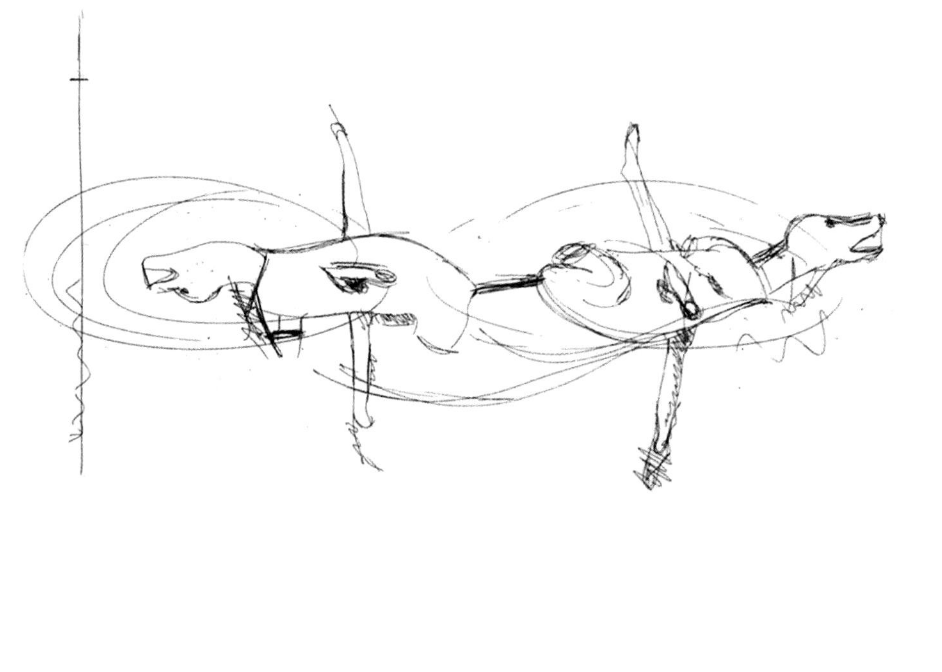

Untitled, 1989-1990
Eaux-fortes / Hard-ground etchings
28×35,5 cm (chaque / each)

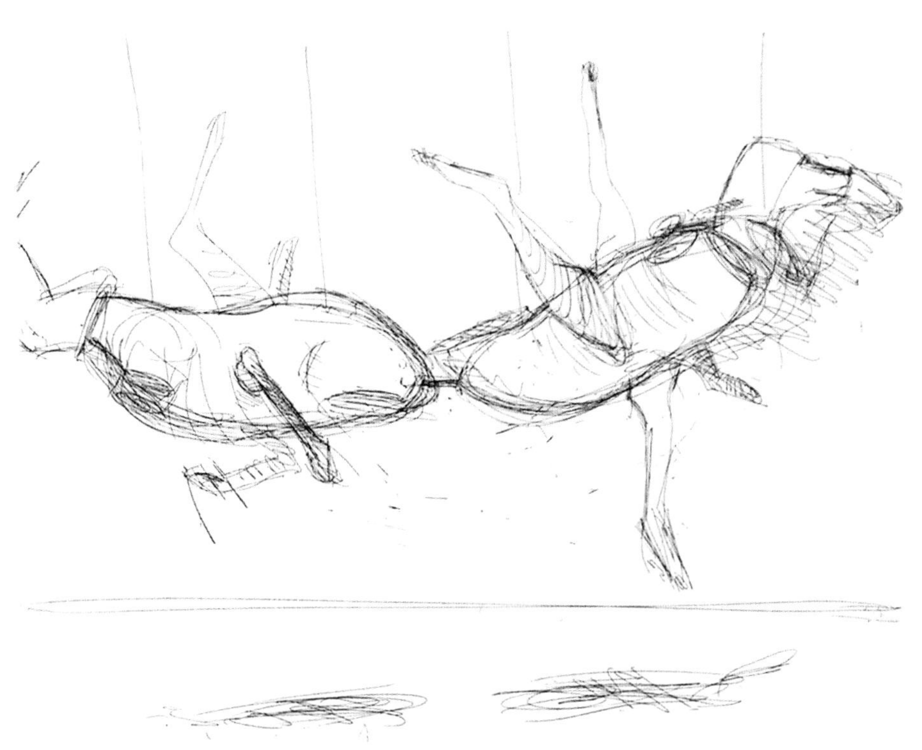

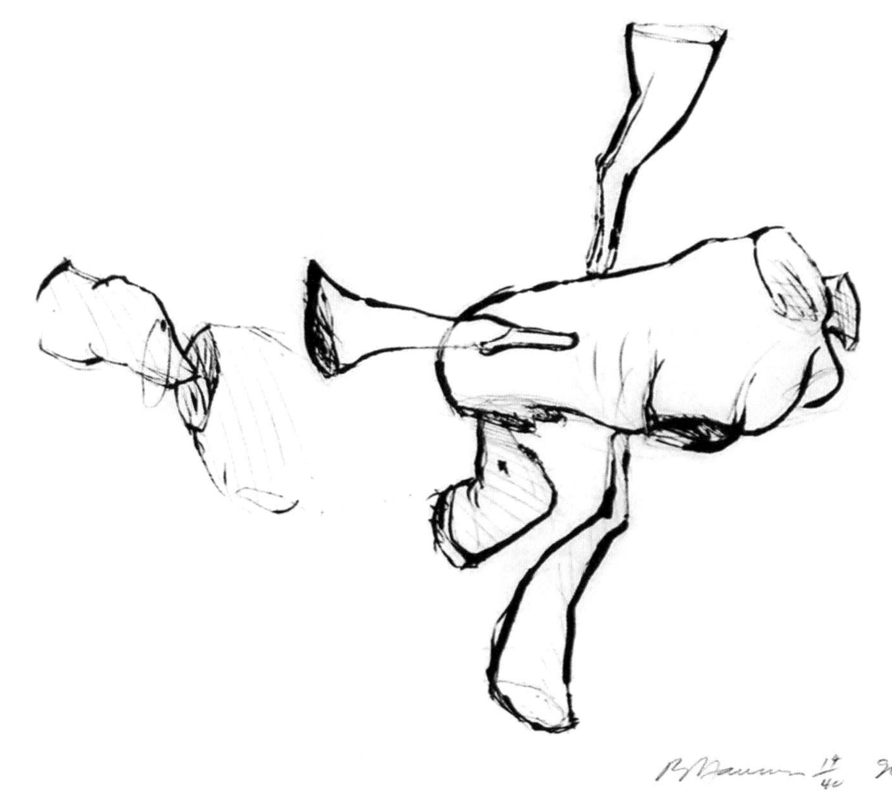

Untitled, 1989-1990
Eaux-fortes / Hard-ground etchings
28 × 35,5 cm (chaque / each)

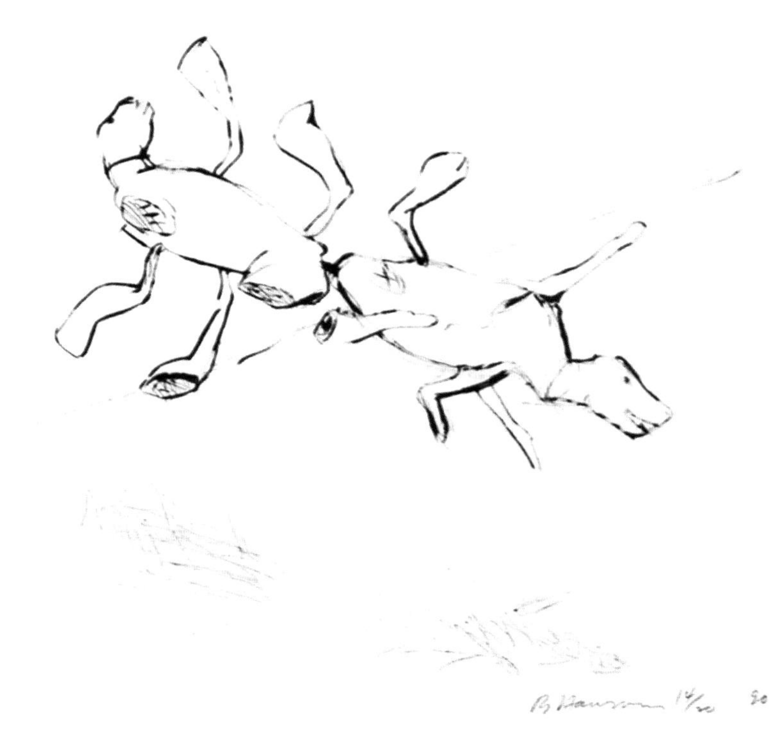

Tout autour de l'enfer

Robert Storr

Que Jackson Pollock fût un cow-boy relève de la légende. Né à Cody (Wyoming), Pollock apparaît sur une photographie alors qu'il est encore adolescent, arborant une tenue de western et une carabine sur un fond aride et rocailleux – une image consolidant une réputation qu'il devait activement entretenir après son installation à New York. Que Bruce Nauman soit un cavalier passionné relève de la réalité. En contexte, c'est-à-dire que ce soit dans son ranch du Nouveau-Mexique ou dans les collines environnant la clinique vétérinaire équine du « chuchoteur » Ray Hunt, ou bien encore dans les plaines où il élève du bétail avec un ami, il est impossible de différencier Bruce Nauman des autres cavaliers parcourant le même chemin. Dans un tel cadre, sa vocation artistique et son statut d'artiste conceptuel et processuel parmi les plus novateurs, les plus influents et les plus respectés au monde, sont en tous points hors de propos, voire tout simplement ignorés.

En conséquence, les chapeaux à larges bords que porte fréquemment Bruce Nauman ne sont pas à considérer comme l'attribut censé démontrer une rude virilité typiquement américaine, mais comme une protection banale pour quiconque travaille avec des animaux sous un soleil de plomb. Tout aussi naturellement, le cadre de références artistiques créé par cet homme d'action, qui se trouve également être un grand lecteur, englobe non seulement Samuel Beckett et Ludwig Wittgenstein (pierres angulaires de nombreux praticiens de l'avant-garde dans les années 1960, notamment de Jasper Johns avec qui Bruce Nauman a entretenu par intermittence un dialogue à longue distance) mais aussi le journaliste argentin Jacobo Timerman, dont le journal retraçant son incarcération par la junte militaire de son pays dans les années 1970 a directement inspiré *South America Triangle* (1981) (1) et indirectement infléchi d'autres chambres d'isolement ou œuvres carcérales de cette période. Tout aussi essentiel à cet égard est le livre de Tom Dorrance *True Unity: Willing Communication Between Horse and Human*. Il s'agit d'un manuel pratique, aussi profond que pertinent, rédigé par un dresseur de chevaux de rodéo à l'ancienne qui en est arrivé à inventer sa propre technique de modification du comportement du cheval en observant ses réactions en présence d'un cavalier potentiel et en apprenant à amadouer cette créature nerveuse jusqu'à lui faire accepter la bride et la selle plutôt que de lui imposer par la contrainte. D'importance comparable sont les livres et les vidéos pédagogiques de Ray Hunt, principal protégé de Dorrance et mentor de Bruce Nauman, qui écrivit *Think Harmony with Horses: An In-depth Study of Horse/Man Relationship* et *Cowboy Logic*.

Si j'accorde ici une importance toute particulière aux ouvrages relativement obscurs de Dorrance et de Hunt, c'est parce qu'associés à ceux de Beckett, de Wittgenstein et de Timerman, ils ont pour qui cherche à saisir l'orientation « conceptuelle » de Bruce Nauman un bien plus grand intérêt que les volumes denses, à peine moins obscurs, de théorie critique privilégiés par la recherche universitaire pour éclairer ceux que déconcertent, voire rebutent, les aspects ténébreux de son œuvre. De plus, il convient de garder à l'esprit la compagnie dont s'entoure Bruce Nauman et les loisirs auxquels il s'est adonné, activités qui, outre l'équitation, l'élevage et la conduite de troupeaux, comptent également la confection complète de couteaux pliants de grande qualité et, par le passé, la chasse. Cette dernière a nourri la création de *Hanging Carousel (George Skins a Fox)* (1988) (2), une œuvre composée de quatre traverses en métal à l'extrémité desquelles pendent les formes de quatre petits renards en mousse de polyuréthane, tandis qu'à leur point d'intersection est suspendu un petit poste de télévision. Le premier effet que provoque ce « carrousel » motorisé en rotation continue, où les traditionnels chevaux peints ont été remplacés par des mannequins de taxidermie figurant autant de renards écorchés, est suffisamment déconcertant pour faire reculer le spectateur dans un réflexe d'horreur. Mais l'on n'en demeure pas moins tenté de braver

1. *South America Triangle*, 1981
2. *Hanging Carousel (George Skins a Fox)*, 1988

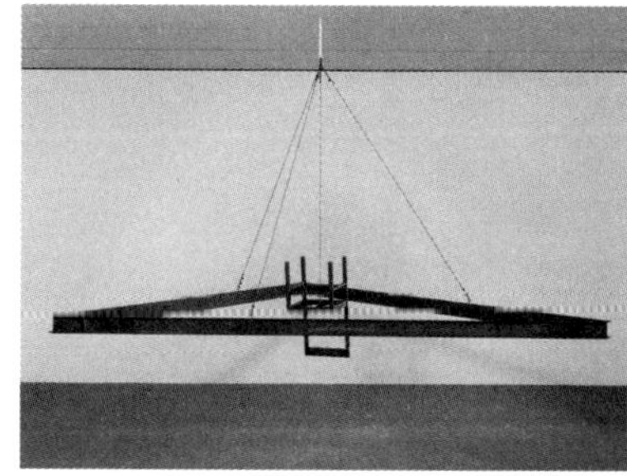
1.

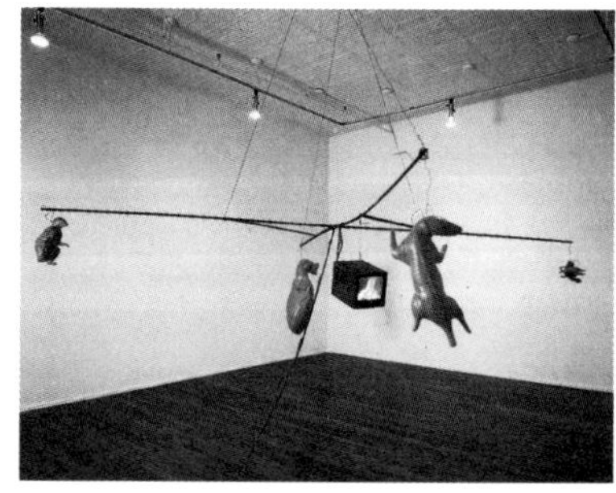
2.

Hell-Bound Around and Around

Robert Storr

That Jackson Pollock was a cowboy is a matter of legend. Born in Cody, Wyoming, Pollock was photographed in his teens against a barren rocky background sporting Western wear and a rifle; it was an image that supported a reputation he actively cultivated after moving to New York. That Bruce Nauman is a dedicated horseman is a matter of fact. In context, that is to say on his ranch in New Mexico or in the hill country nearby where he attends the equestrian clinics of "horse whisperer" Ray Hunt, or on the plains where he and a friend raise cattle, Nauman is indistinguishable from other horsemen that travel the same circuit. In such a setting his artistic vocation and his status as one of the most innovative, influential, and widely respected Conceptual and Process artists in the world is to all intents and purposes irrelevant, if not simply unknown.

Correspondingly, the broad-brim hats that Nauman often wears are not an affectation of rugged all-American manliness, but a normal safeguard for anyone who works with animals in the blazing sun. Just as, naturally, the frame of references that the art created by this man-of-action who also happens to be an avid reader encompasses not only Samuel Beckett and Ludwig Wittgenstein — touchstones for many vanguard practitioners of the 1960s, including Jasper Johns with whom Nauman has at times been in long-distance dialogue — but also the Argentine newspaperman Jacobo Timerman, whose diary of imprisonment by his country's 1970s military junta directly informs *South American Triangle* (1981) (1) and indirectly inflects other isolation chamber or carceral works of the period. Of equal significance though is Tom Dorrance's *True Unity: Willing Communication Between Horse and Human*. It is a practical but profoundly insightful manual of an old-style bronco buster who arrived at his own version of behavioral modification by studying equine reactions to a potential rider's presence and learning to gentle the skittish creatures toward accepting a bridle and saddle rather than forcing either upon them. Of importance, as well, have been the books and pedagogical videos of Dorrance's leading protégé and Nauman's mentor, Hunt, who wrote *Think Harmony with Horses: An In-depth Study of Horse/Man Relationship* and *Cowboy Logic*.

If I give special prominence to the relatively obscure works of Dorrance and Hunt it is because in combination with those of Beckett, Wittgenstein, and Timerman they are of far greater value to those seeking to grasp Nauman's "conceptual" orientation than the dense, hardly less obscure volumes of critical theory that are favored by academic critics eager to illuminate those who are puzzled or put off by the dark places in Nauman's œuvre. Moreover, it is necessary to hold in mind the company Nauman keeps and the avocations he has pursued, activities which, in addition to riding and herding, include making high-quality clasp knives from scratch and, in the past, hunting. The latter fostered the creation of *Hanging Carousel (George Skins a Fox)* (1988) (2). Consisting of metal crossbars from which the polyurethane foam forms of four canines dangle at the ends of each bar while in the center at their intersection is suspended a small television. The initial impact of this motorized, continuously swirling "carousel" where traditional painted horses have been replaced by taxidermy dummies of flayed foxes is disconcerting enough to make one recoil with reflex horror. Nevertheless, one is tempted to brave the sweep of these agonizing appendages and enter the inner circle their rotary motion encompasses to catch a glimpse of what is on the monitor. And, so doing, one enters into an intimate relation with Nauman's ambivalent universe. For rather than documenting the gratuitous mistreatment of animals that, from the periphery, one might be inclined to think is the thrust of the piece, one bears witness to the extreme care and respect with which "George" skins the game he has shot, thereby turning the piece into a testament to the hunter's ethics and craft and also, by analogy, into a reflection on sculpture and its methods — carving and casting — and its powers to physically engage the viewer through simultaneous attraction and repulsion.

le balayage de ces atroces appendices pour pénétrer à l'intérieur du cercle que délimite leur mouvement rotatif et entrevoir ce qui se passe sur le moniteur de télévision. Et l'on pénètre ce faisant dans l'intimité d'une relation avec l'univers ambivalent de Bruce Nauman.
Car au lieu d'une illustration des mauvais traitements gratuits infligés à des animaux dont, vus de la périphérie, on viendrait à penser qu'il s'agit de l'idée-force de la pièce, on assiste au contraire au soin extrême et au respect dont fait preuve « George » en écorchant le gibier qu'il a tiré, transformant par conséquent la pièce en un témoignage de l'éthique et de l'art du chasseur, mais aussi, par analogie, en une réflexion sur la sculpture et ses méthodes – la taille et le moulage – et sur sa capacité à susciter l'intérêt du spectateur en exerçant sur lui simultanément attraction et répulsion.

Tout comme *South America Triangle* – l'œuvre inspirée de Timerman précédemment citée –, ou des œuvres comme *Musical Chairs: Studio Version* (1983) (3), *White Anger, Red Danger, Yellow Peril, Black Death* (1984) (4) et des sculptures apparentées datant de la même période, *Hanging Carousel (George Skins a Fox)* évoque le principe macroscopique du pendule de Foucault qui relie à son tour, par un mouvement sympathique provoqué par la rotation terrestre, les lointaines réalités auxquelles des œuvres individuelles font chacune symboliquement allusion. En revanche, l'œuvre intitulée *Carousel (Stainless Steel Version)* (1988) est structurellement et cinétiquement différente. Quoique cette pièce soit elle aussi munie de quatre traverses disposées en rayons comme celles qui tournent dans l'autre carrousel, elle possède un mécanisme central rotatif (un trotteur similaire à ceux utilisés par les cow-boys pour faire faire de l'exercice à leurs montures dans un corral ou une grange) dont les bras mus par un moteur font tourner – ou traîner – quatre moules en aluminium et deux moules en mousse plastique représentant des animaux écorchés (entiers ou non), à savoir deux coyotes, un lynx, un ours et deux cerfs.

C'est pourquoi, malgré d'évidentes similitudes formelles et matérielles, *Carousel (Stainless Steel Version)* se distingue de ses précurseurs. Des différences qui nous rappellent que Bruce Nauman n'est pas de ces artistes qui élaborent systématiquement des variations sur une idée à succès pour produire autant d'exemplaires commercialisables qu'il y a de collectionneurs intéressés. Bien au contraire, Bruce Nauman crée pour penser et met un terme à son travail dès lors qu'il a entièrement épuisé la question qui l'occupait. En attendant, seuls gravitent autour de son œuvre des collectionneurs de bonne constitution ne reculant pas devant la réflexion, de sorte que la demande est presque aussi restreinte que l'offre. En tout état de cause, *Carousel (Stainless Steel Version)* propose au spectateur une expérience unique, qui plus est singulièrement pénible.

À la différence de *Hanging Carousel (George Skins a Fox)*, son cousin d'apparence similaire, *Carousel (Stainless Steel Version)* n'invite nullement à pénétrer dans le cercle que sa rotation circonscrit plutôt littéralement, comme le manifestent à l'évidence les marques gris terne laissées sur le sol, à l'endroit où frotte le poids mort des moules en aluminium qui tracent une série de cercles étroitement concentriques. Il n'y a pas non plus en son centre d'image animée qui inciterait le spectateur à se glisser entre les animaux ballottés. De plus, les postures des animaux sont plus insoutenables que celles des mannequins de l'autre pièce, même si dans les deux cas ces animaux sont attachés par le cou comme si chacun avait été étranglé. Par ailleurs, la torsion du poitrail tronqué et la tête sectionnée des cerfs laissent penser qu'ils ont été grossièrement découpés au hachoir de boucher, tandis que le lynx et l'ours paraissent avoir été liés ensemble par la force, alors même que le premier s'accroche au plus grand pour ainsi dire comme un enfant à sa mère. On entendrait presque leurs hurlements de douleur et d'effroi. Et l'on peut en effet entendre quelque chose qui ressemble fort à de tels cris, émanant du point de contact entre le sol et la croupe d'un coyote ou la patte de l'ours et dont le frottement produit un son aigu et strident semblable à celui d'une craie sur un tableau noir.

L'effet, moins bruyant que pénétrant, évoque ce faisant – bien que dans la tradition chrétienne les animaux n'ont pas d'âme et ne peuvent pécher – les cercles de la damnation énumérés et décrits dans *L'Enfer* de Dante. Au travers de cette sculpture, la vision de Bruce Nauman est certainement celle d'une sorte d'enfer sur terre, enfer non divin, mais entièrement créé par l'homme.
La nature humaine, contraire dialectique de la nature animale dans la cosmologie de l'artiste, inclut en effet l'aptitude, voire l'inclination à faire souffrir, à la fois les animaux et les autres êtres humains. Mais à la lumière de l'œuvre de Bruce Nauman, il est impossible de dire si cela constitue un péché ou non. Que cela suscite en lui une détresse, comme en quiconque pénètre dans l'orbite de son travail, et qu'une telle cruauté contribue en réalité à son propre châtiment, voilà qui semble en revanche, en raison de la force de cette œuvre et de bien d'autres, indiscutable.

3. *Musical Chairs: Studio Version*, 1983
4. *White Anger, Red Danger, Yellow Peril, Black Death*, 1984

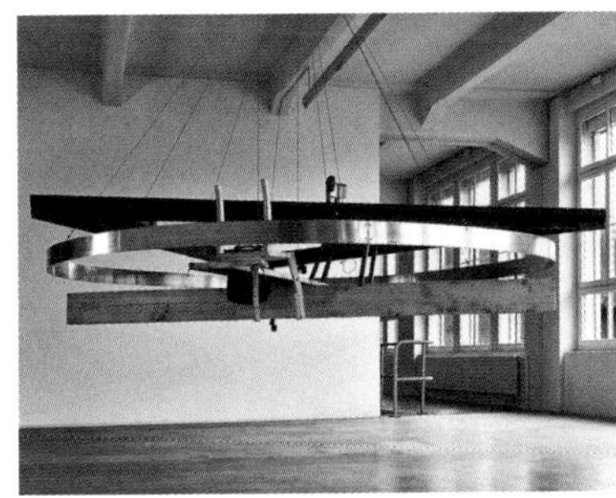
3.

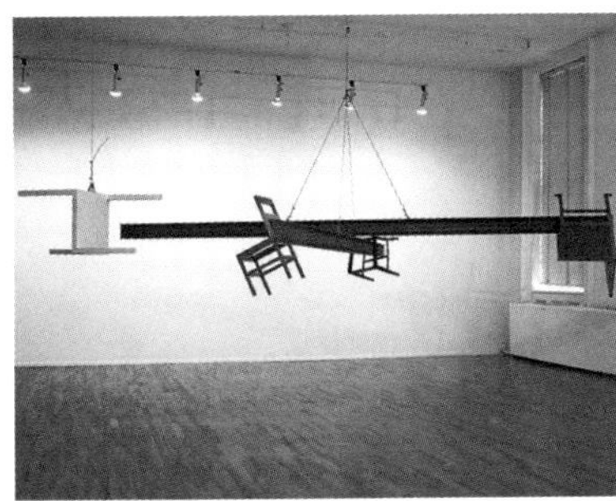
4.

Like the previously cited Timerman-inspired *South America Triangle* (1981), *Musical Chairs: Studio Version* (1983) (3), *White Anger, Red Danger, Yellow Peril, Black Death* (1984) (4), and related sculptures of the period, *Hanging Carousel (George Skins a Fox)* invokes the macroscopic principle of Foucault's pendulum, which in turn, through sympathetic movement in response to the Earth's rotation, connects the far flung realities to which individual works symbolically allude to each other. However, *Carousel (Stainless Steel Version)* (1988) is structurally and kinetically different. Like the other carousel, it has a pivotal mechanism — a horse trotter of the kind used by cowboys to exercise their mounts in a corral or barn — and power-driven arms that radiate from that central point spinning or dragging four aluminum casts and two plastic foam casts of entire or parts of *écorché* animals, two coyotes, a bobcat, a bear, and two deer.

Thus, despite obvious formal and material similarities, *Carousel (Stainless Steel Version)* stands apart from its precursors. Those differences remind us that Nauman is not among the artists who routinely concoct variations on a successful idea to produce as many marketable examples as there are collectors for them. Quite the contrary. Nauman makes work in order to think; and, once he has thought through a problem, he stops. Meanwhile, only thinking collectors with strong constitutions gravitate to his work, so demand is nearly as limited as supply. In any event, *Carousel (Stainless Steel Version)* presents the viewer with a unique experience — and a strangely harrowing one at that.

Unlike its superficially similar cousin, *Hanging Carousel (George Skins a Fox)*, *Carousel (Stainless Steel Version)* offers no invitation to enter the circle its rotation quite literally circumscribes, as is evident from the dull gray marks left on the floor, where the deadweight of the aluminum casts touches down, leaving a series of tightly concentric rings. Nor is there a moving image at the center to entice one to slip in between the swinging animals. Furthermore, the poses of the animals are, if anything, more excruciating than those of the dummies in the other piece although all are attached at the neck as if each had been garroted. Meanwhile, the bifurcated torso and severed head of the deer suggests that they had been crudely butchered, while the bear and the bobcat seem to be forcibly bound together even as the smaller of the two also appears to cling to the larger one like a child to its mother. One can almost hear their howls of pain and fear. Indeed one can hear something that closely resembles such cry issuing from the point where the rump of a coyote or foot of the bear makes contact with the floor and rubs against it like chalk on a blackboard, producing a high-pitched, keening sound.

The effect is not so much loud as penetrating, evoking as it does — although in the Christian tradition animals are devoid of souls and incapable of sin — the circles of damnation enumerated and described in Dante's *Inferno*. Certainly, Nauman's vision in this sculpture is of a kind of Hell on Earth, one that is wholly man-made rather than divine. Human nature, the dialectical counter term in the artist's cosmology to animal nature, does include the capacity even the propensity to cause suffering, both to animals and to other humans. Whether, by Nauman's lights, this constitutes a sin one cannot say. That it creates distress in him as in anyone who enters the orbit of his work, and that such cruelty effectively serves as its own punishment, seems, on the strength of this work and many others, to be indisputable.

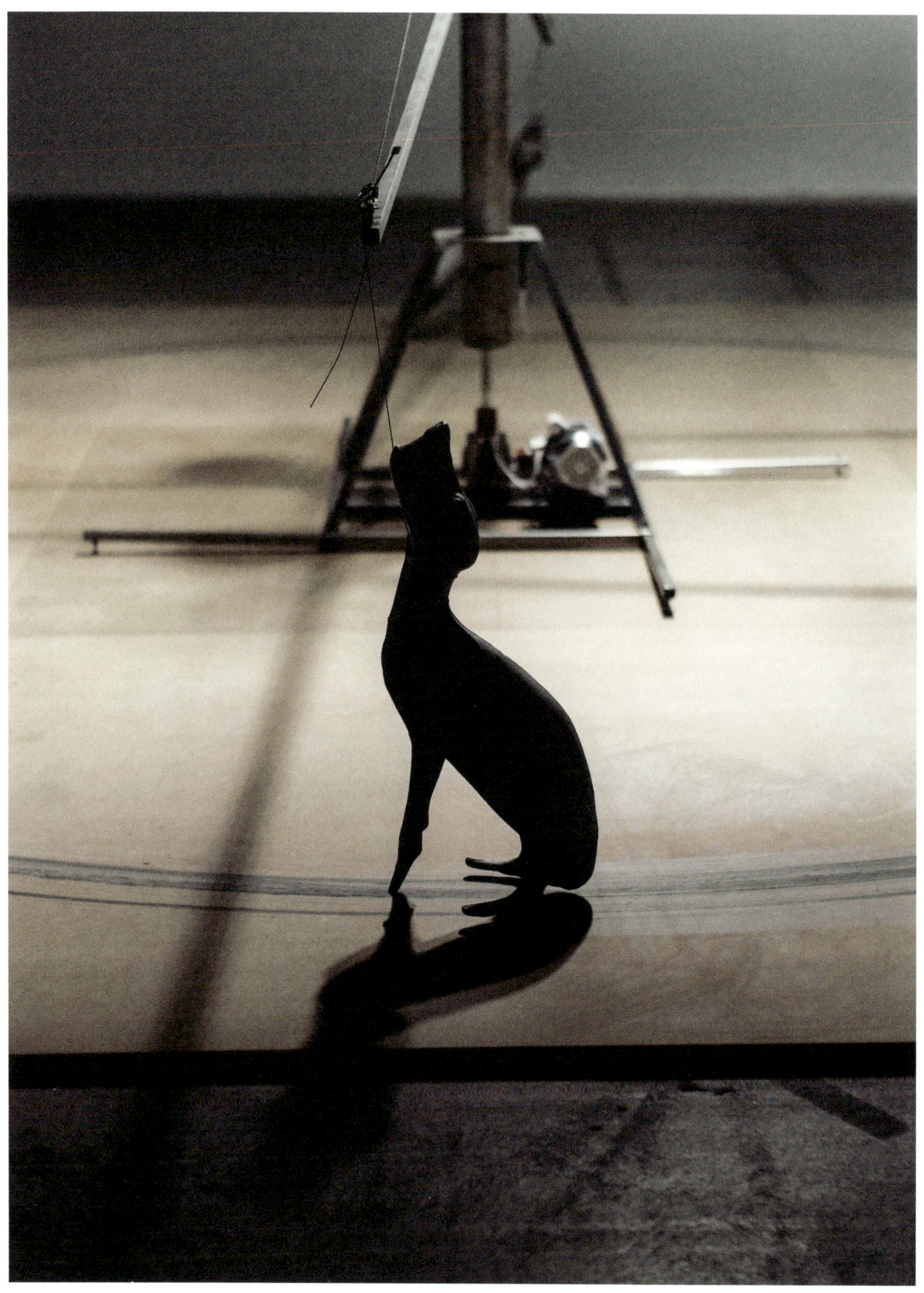

Carousel (Stainless Steel Version), 1988
Fondation Cartier pour l'art contemporain,
Paris, 2015

Untitled 1970/2009

Untitled 1970/2009
Vidéo couleur diffusée par
2 vidéoprojecteurs, 4 haut-parleurs,
tapis et ruban adhésif
Color video played on 2 video projectors,
4 speakers, rubber mat, and tape
Performeurs / Performers :
Elena Dell'Acqua, Irene Giubilini
32 min 32, en boucle / looped
Dimensions variables / Dimensions variable
Emanuel Hoffmann Foundation,
permanent loan to the Öffentliche
Kunstsammlung Basel

—

Expositions / Exhibitions

2015
Bruce Nauman, Fondation Cartier pour l'art contemporain, Paris

2009
Bruce Nauman: Topological Gardens, 53. Biennale di Venezia, United States Pavilion, Giardini della Biennale; Universitá Iuav di Venezia, Tolentini; Universitá Ca' Foscari, Venise / Venice

1970
Tokyo Biennale '70, 10th International Art Exhibition of Japan: Between Man and Matter, Tokyo Metropolitan Art Museum, Tokyo; Kyoto Municipal Museum of Art, Kyoto; Aichi Prefectural Museum of Art, Nagoya; Fukuoka Prefectural Museum of Art, Fukuoka

Pages suivantes / Following pages :
Untitled 1970/2009
Fondation Cartier pour l'art contemporain,
Paris, 2015

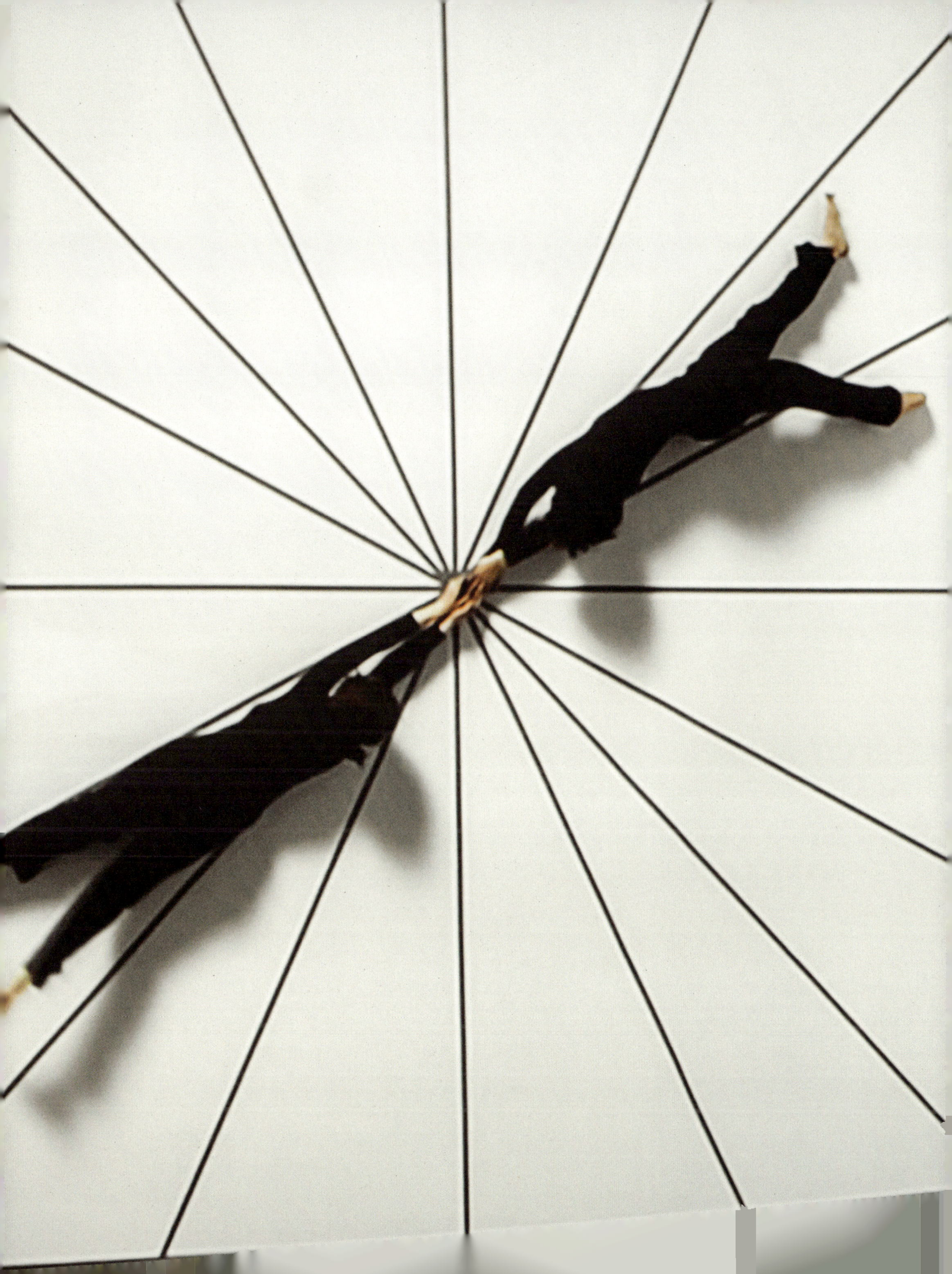

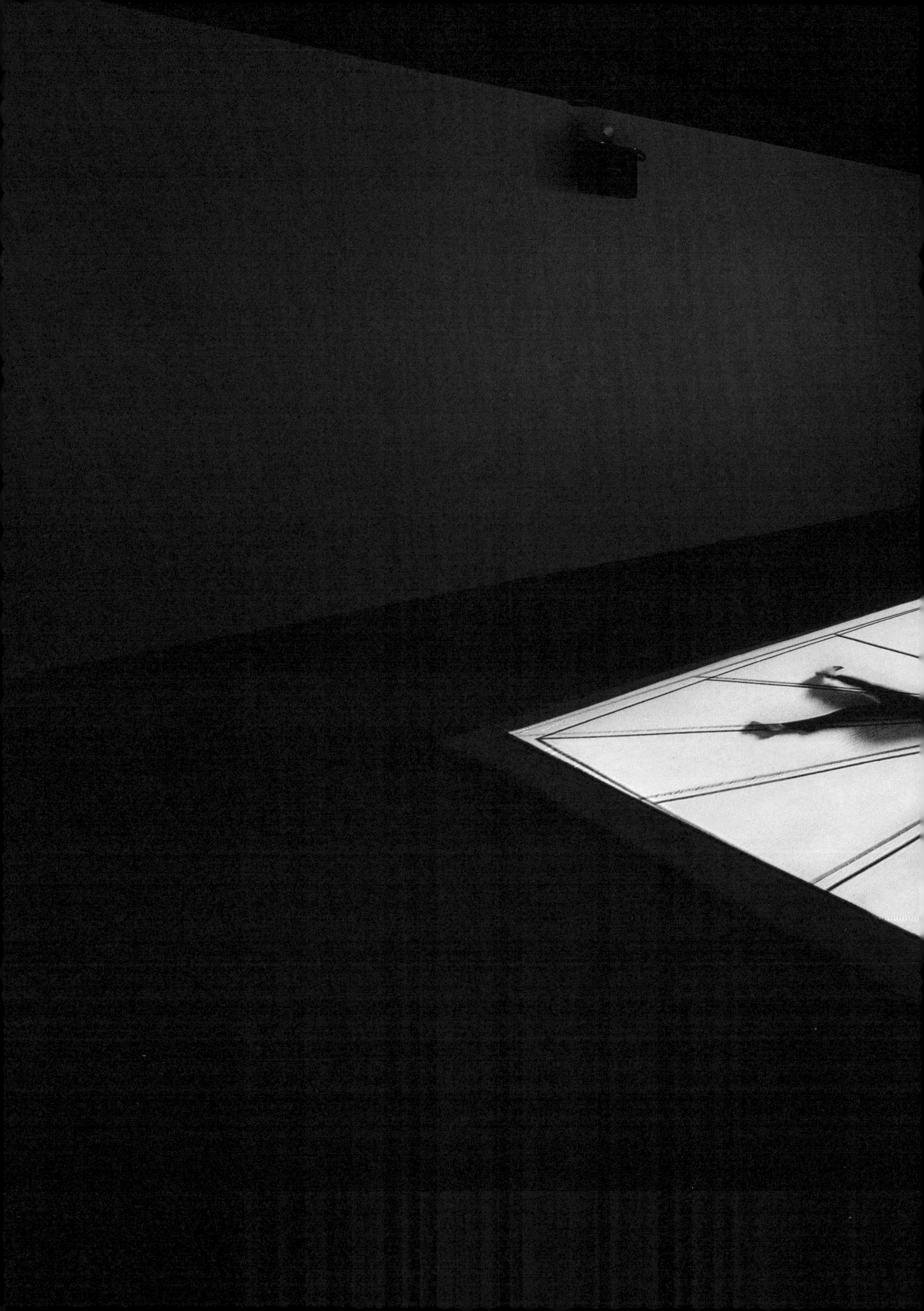

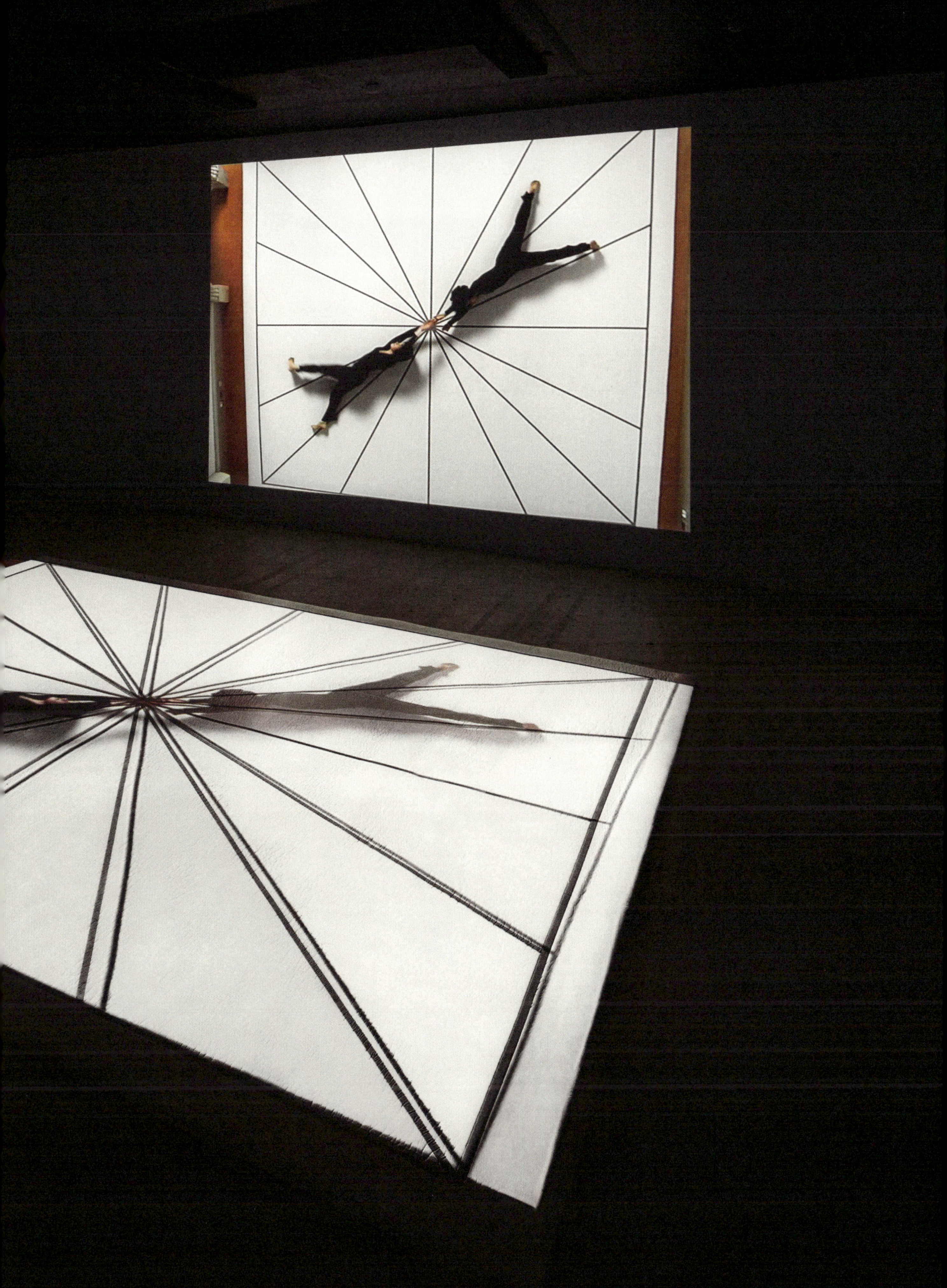

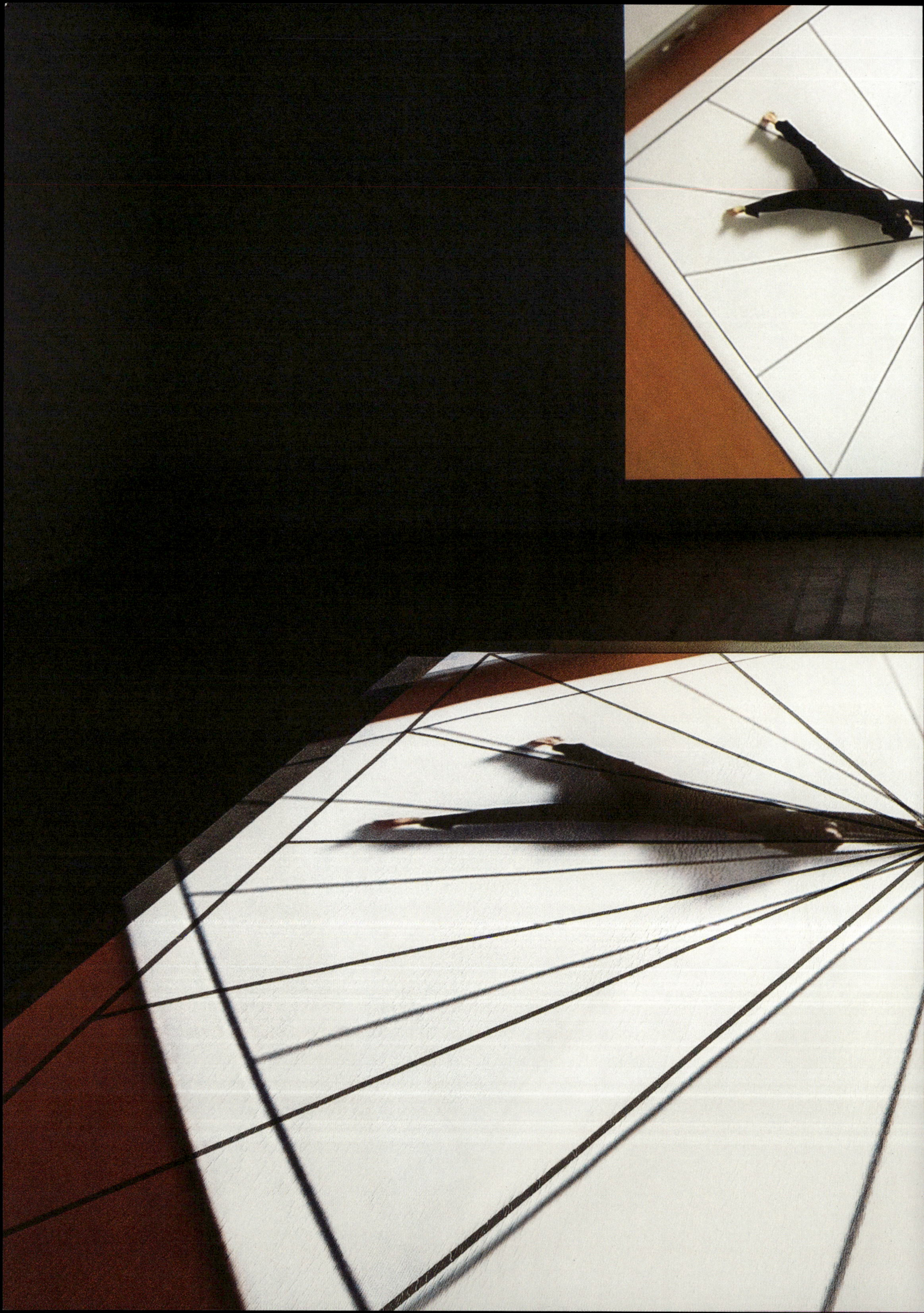

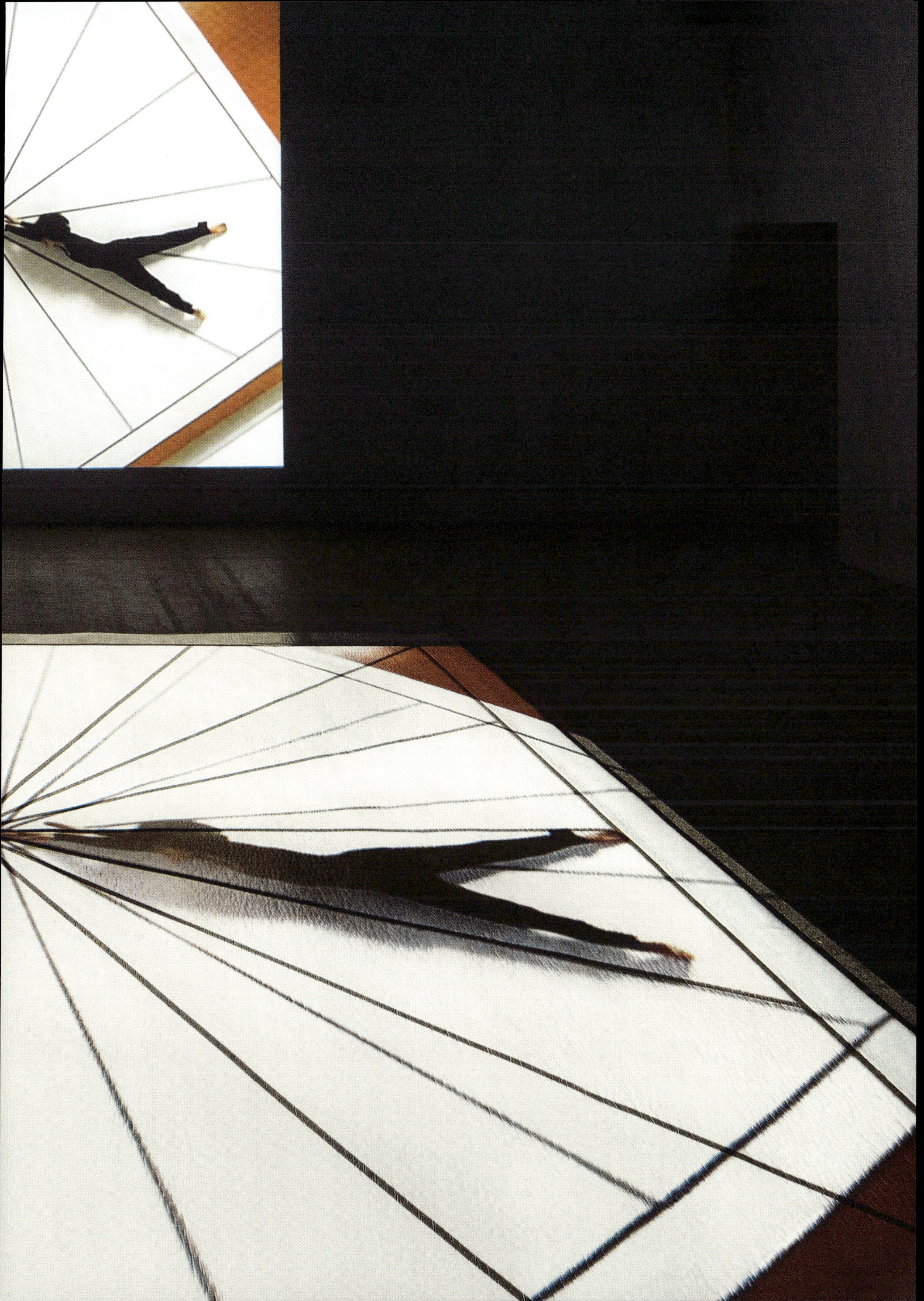

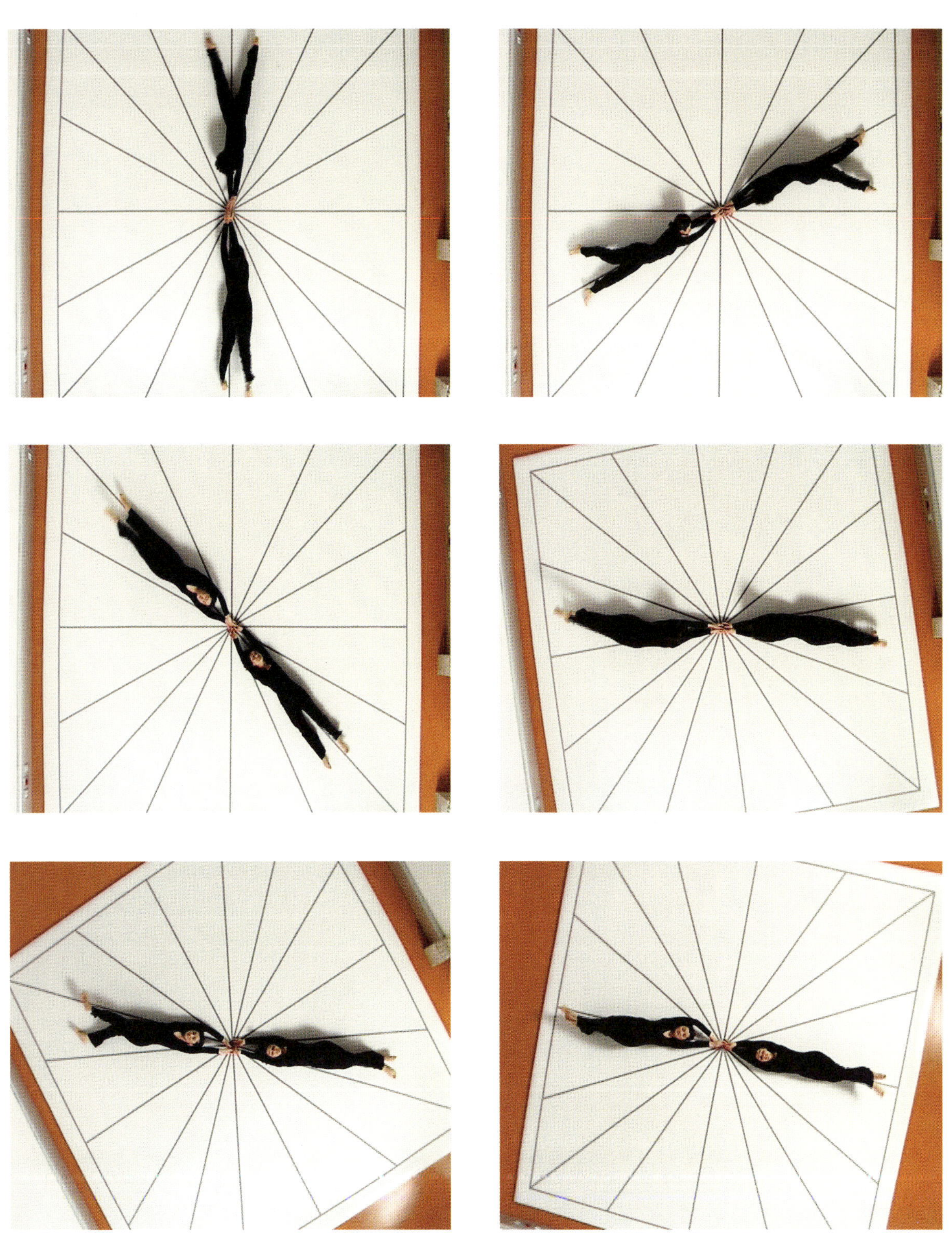

Untitled 1970/2009
Images extraites du film / Film stills

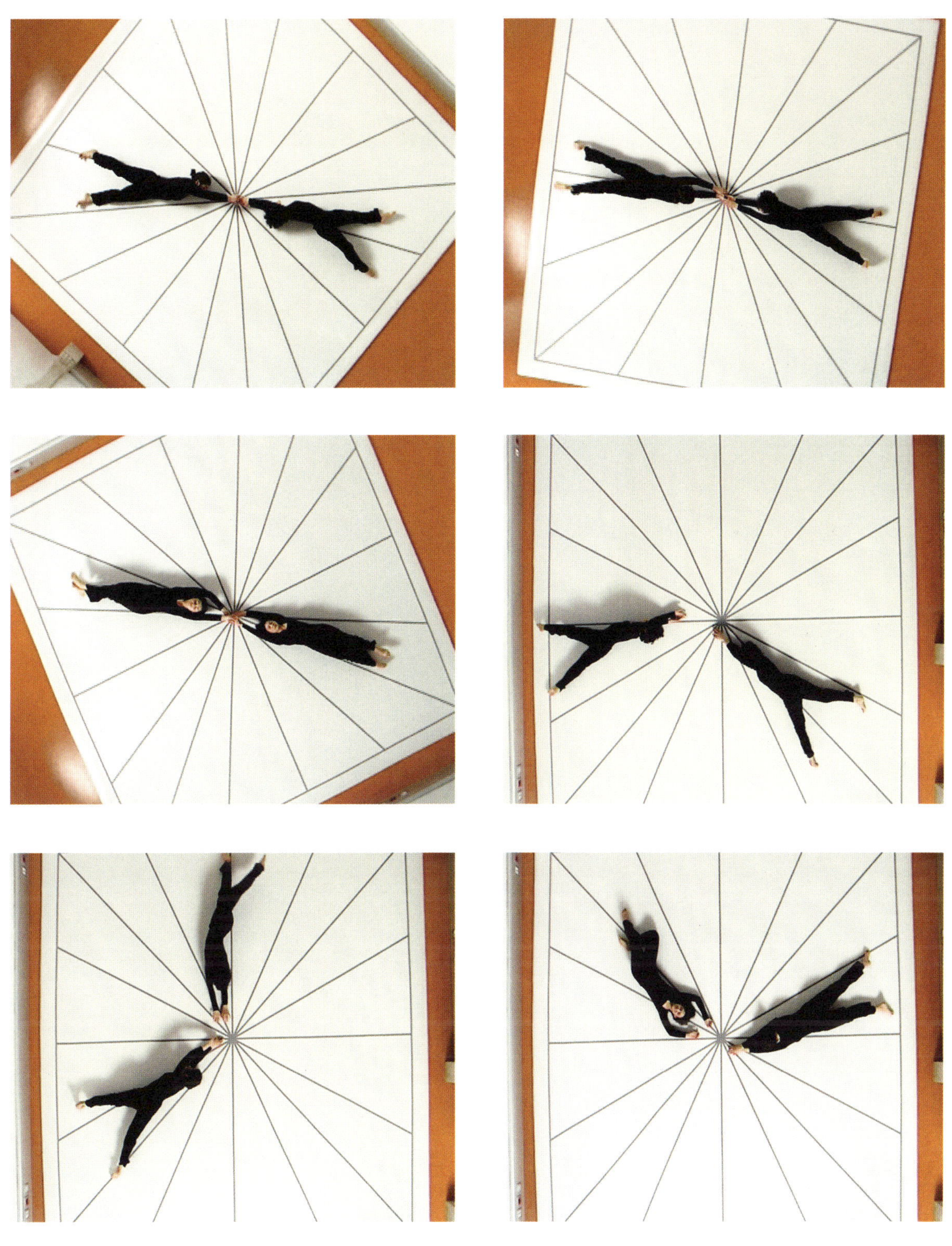

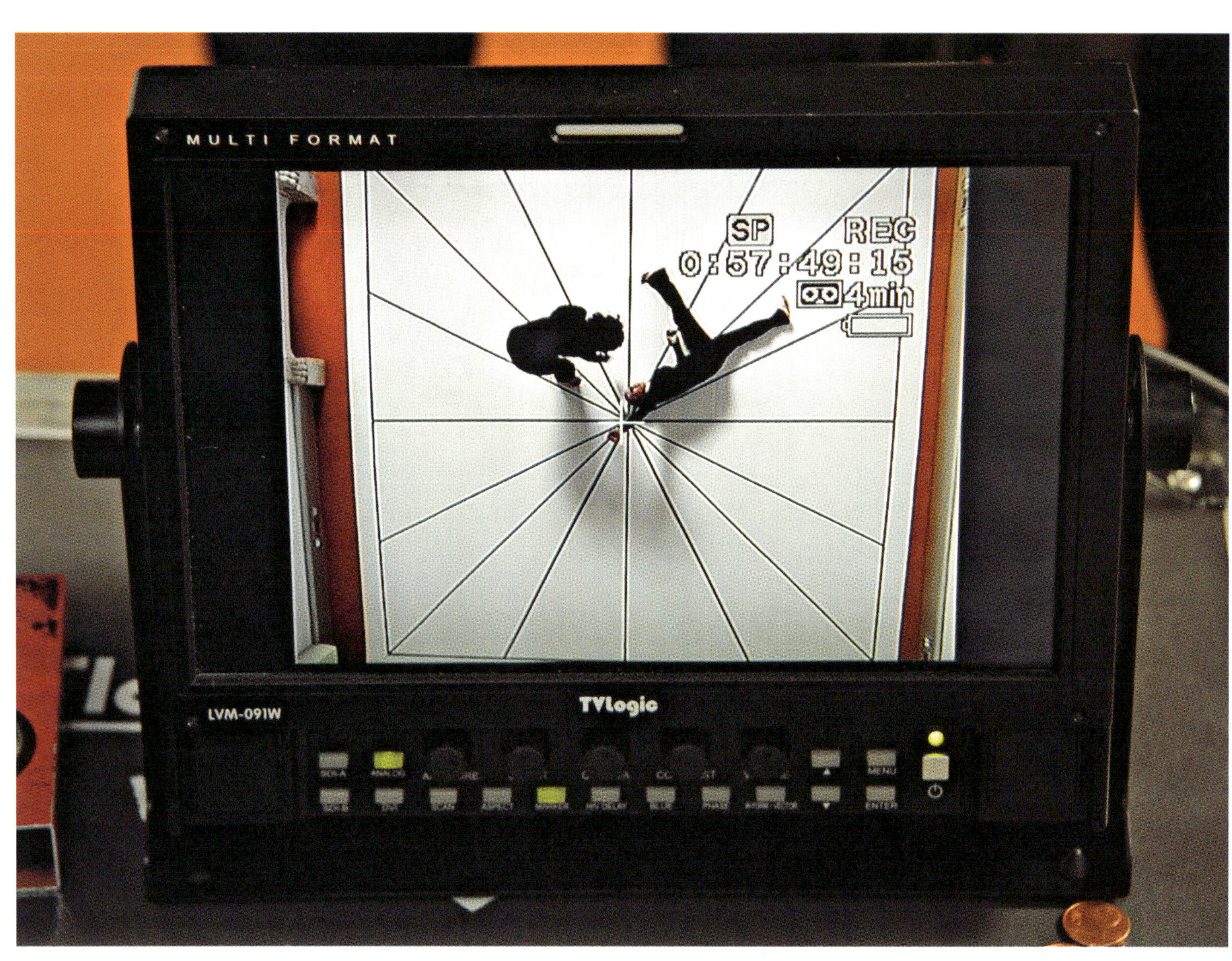

Tournage de la performance / Recording of the performance
Untitled 1970/2009, 53. Biennale di Venezia,
Università Ca' Foscari, Venise / Venice, 2009

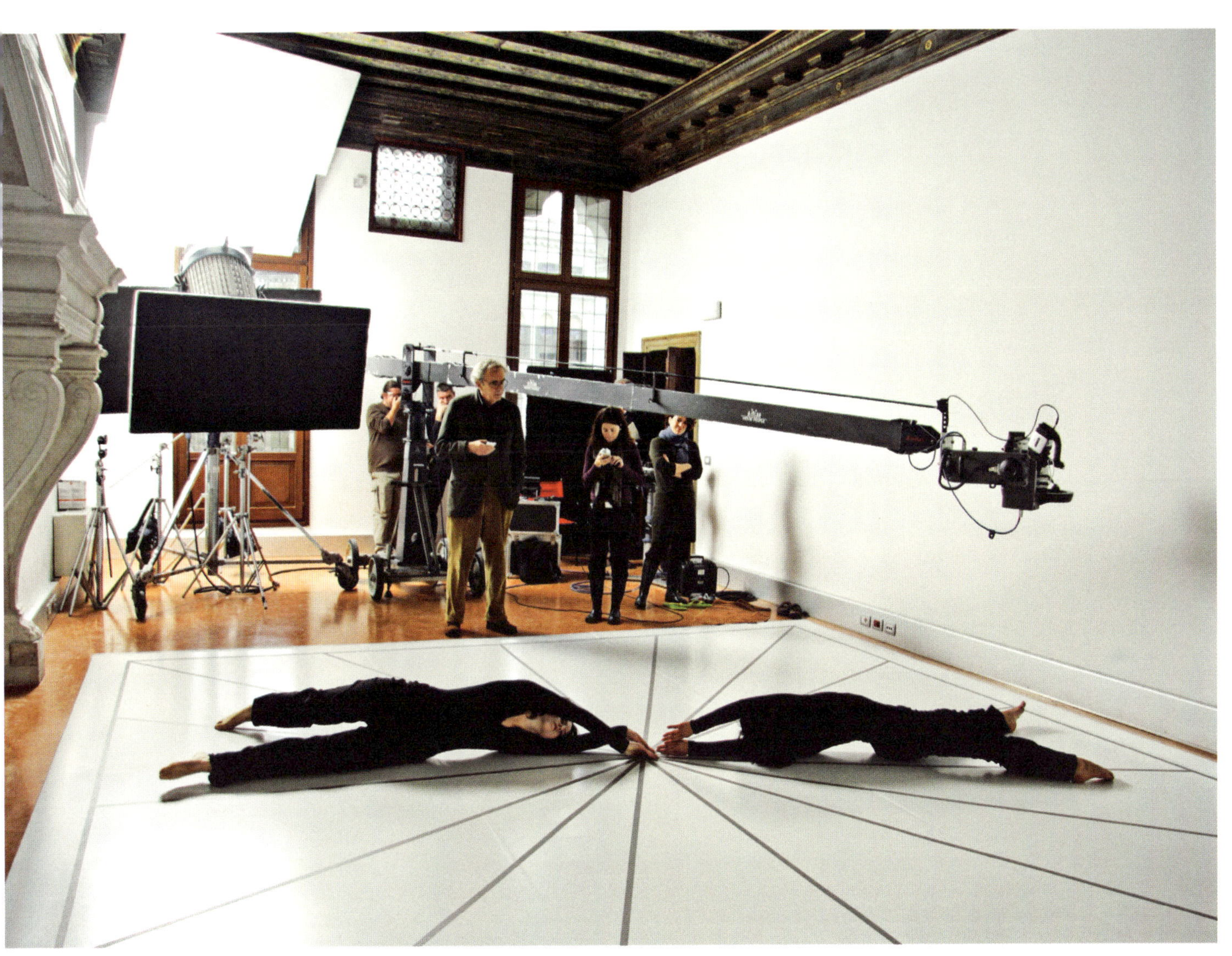

Jan. 2/ 70

Nauman
167N. Orange Grove
Pasadena, California

Mr. Yusuke Nakahara

Thank you for the invitation to participate in your show.
In my recent work it has been most convient for me to do work on location. I don't suppose this is what you had in mind, but it is the way things have worked out best lately.

Here is a piece that I should like to do for you if it can be worked out.

Make a film of myself rolling around in a circle on the floor of the museum, the camera in a fixed position above the center of the circle, the camera running at about twice normal speed, for about three to five minuets and then for the next three to five minuets the camera (running at the same speed) is to follow me rolling around the circle - that is, the camera rotates so that I will remain in a fixed position in the frame, while the floor appears to ~~roll~~ move under me as I roll over.

The film is to be projected from the cieling onto the floor and from ~~the~~ another projector a print of the same film is to be projected from the floor up onto the cieling. The use of a Technicolor or other make loop type projector eliminates thee need for rewinding.

As little preparation as possible should be done in the room. If the floor is absolutly too dark to make the projected film visable, then the whole room should be painted white rather than just the area that will recieve the image.

The project may also be carried out using videotape recorders and television equipment if it is more easily obtained. It will change the project considerably, but it dose not matter to me.

over

Lettre de Bruce Nauman à Yusuke Nakahara, commissaire de la *Tokyo Biennale '70*, 2 janvier 1970
Letter from Bruce Nauman to Yusuke Nakahara, curator of the *Tokyo Biennale '70*, January 2, 1970

Jan. 21 '70

If it is not possible to arrange for my presence, Ican send much more specific information and instructions for someone there to perform in my place. In any case , we should have a piece of some interest.

Good Luck

Bruce Nauman

この行為はその位置の中央真上からビデオ・テープに録画される。従って、その位置の上にカメラマンのための足場を組み立てるか、反射鏡をとりつけて、下から撮影する。
この行為を行うためには、二人のダンサーか、そのほかの演技者が必要であり、それは男女一人ずつか、二人の女性であること。演技者は裸であることが望ましいが、もし不可能なら、タイツを着用する。
二人の演技者は外側に向かって足をのばして横になり、腕を頭上にのばし、二人の腕は中心点でふれる。二人の演技者は一直線になる。つまり、演技場所の中心点をはさんで逆方向に足をのばすわけである。
次に、演技者は、中心点で手をつないだまま、円を描いて回転し、そのまま出来るだけ長く、または、テープが終わるまで、適度のスピードで回転を続ける。
その演技位置をスクリーンの中心にすえ、テープを貼った模様の上を円を描いて回転する演技者の行為をビデオ・テープに録画する。カメラははじめ約三分間固定させる。次の三分間は、カメラマンは演技者の回転と同じ速度でカメラを回転させる。従って、フレームの中では演技者は固定し、床が回転することになる。
次に再び三分間カメラを固定し、さらに三分間カメラを回転させる。この場合は、カメラのコードのねじれをもとに戻すように、逆の方向にカメラを回転させる。
この作業を交互に、演技者の回転が終わるまで、あるいは、テープがなくなるまで、継続させる。録画は中断してはならない。

The performance must be taped from directly over the center of the area so you must build a scaffold over the area that will hold the cameraman or devise a mirror arrangement above the area so that the cameraman may remain on the floor.
The dancers lie with their feet extended toward the outside of the performance area, hands extended overhead and touching at the center. The dancers chould be in a straight ling-that is, exactly opposite each other across the center.
The dancers then roll around in a circle, keeping their hands at the center of the area and continue to roll at a moderate speed as long as possible or until the end of the tape.
With the area centered on the screen and the dancers rolling a circle on the taped pattern, videotape the performance with the camera held steady for about three minutes. For the next three minutes, the cameraman must rotate the camera at the same speed as the dancers are revolving so that they appear to be in a fixed position and the floor turning under them. Again hold the camera steady for three minutes and then again roatate the camera for about three minutee, this time in the opposite direction to unwinde the camera cords. Continue alternating until the dancers must stop or the tape is finished.
The recording must be continuous.

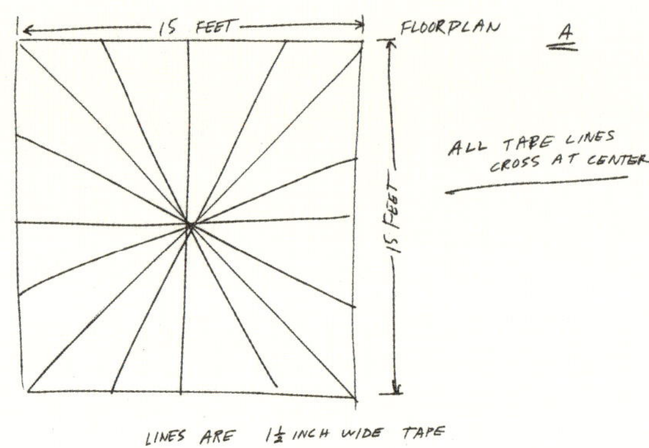

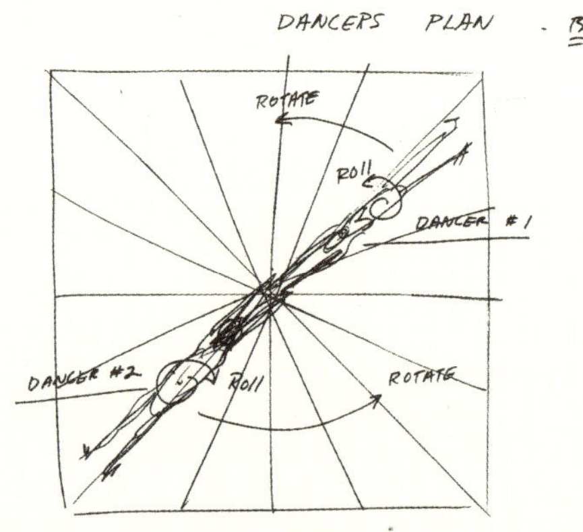

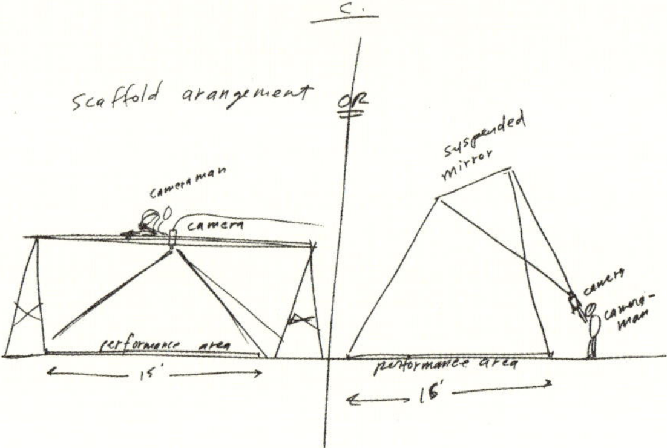

Extrait du catalogue / Extract from the catalog
Tokyo Biennale '70: Between Man and Matter,
Tokyo Metropolitan Art Museum, Tokyo, 1970

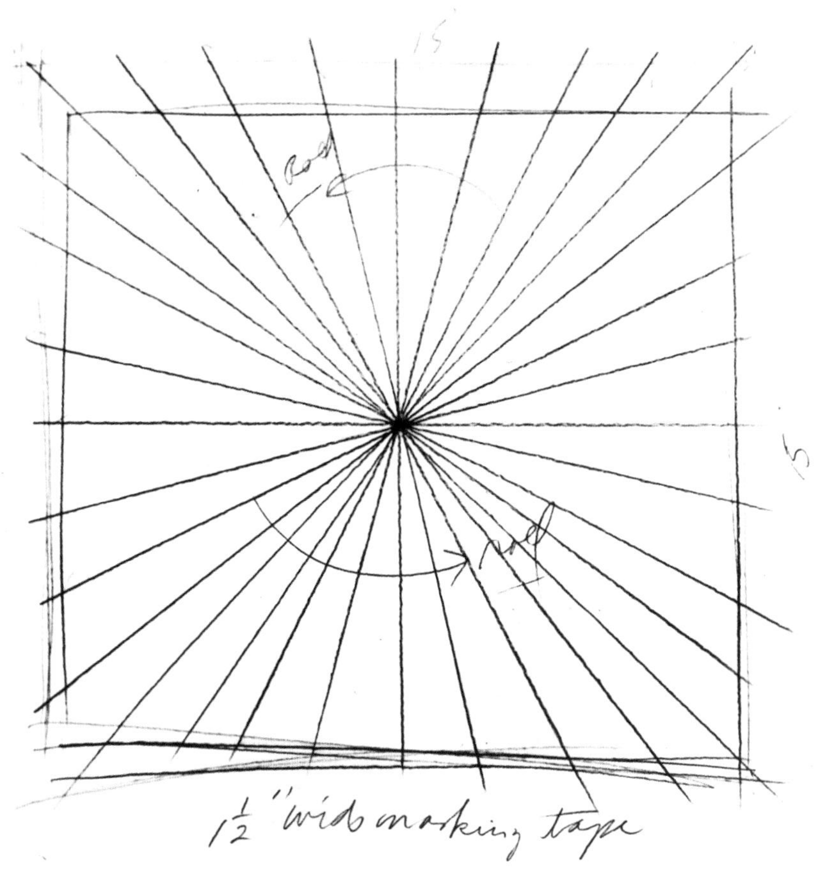

Two Dancers, 1970
Crayon sur papier / Pencil on paper
58,5 × 73,5 cm

Mouvement corporel matricé

Robert Storr

En 1966, Bruce Nauman obtint son diplôme des beaux-arts de l'université de Californie à Davis (un campus situé dans la très agricole vallée centrale), dont l'actif département des beaux-arts était dirigé par deux maîtres du *funk art*, William T. Wiley – avec qui Bruce Nauman collabora pour réaliser son premier néon – et Robert Arneson (Bruce Nauman réalisa pour la collection permanente de l'école deux objets en céramique ressemblant à des tasses à café se déformant en spirale) (1), ainsi que par le peintre réaliste pop Wayne Thiebaud, dont Bruce Nauman fut l'assistant d'enseignement.

Par la suite, Bruce Nauman s'installa dans la région de la baie de San Francisco, aménageant un atelier dans une ancienne épicerie. C'est là qu'il réalisa certaines de ses premières œuvres les plus importantes, notamment son néon intitulé *The True Artist Helps the World by Revealing Mystic Truths* (1967) (2), en partie inspiré par une enseigne publicitaire qui avait été abandonnée dans la vitrine. Cette pièce était à la fois une affirmation idéaliste rappelant celles des expressionnistes abstraits et une question en forme de déclaration (L'artiste est-il un voyant ? Sa vocation est-elle d'aider le monde ?), une annonce publique articulée en un objet commercial et une pensée intime émanant du fin fond du sanctuaire de l'artiste.

En conséquence, la principale préoccupation de Bruce Nauman au cours de cette période fut d'élaborer une définition à la fois de ce que pouvait réellement signifier le fait d'être un véritable artiste et de l'activité concrète d'un tel artiste. Sa pratique consistait pour une bonne part à explorer l'utilisation de son propre corps dans l'espace, espace qu'il avait d'abord revendiqué puis vidé pour faire de son atelier table rase. C'était encore en amateur que Bruce Nauman accomplissait les défis qu'il avait conçus en vue d'explorer les limites de sa résistance physique et mentale, en recourant par exemple dans *Violin Tuned D.E.A.D.* (1968) à une unique succession de notes de musique (il avait étudié la guitare, mais non le violon) et en exécutant différents exercices au sol par lesquels il parcourait certaines zones définies, se déplaçant selon un motif répétitif jusqu'à l'épuisement. Pourtant, il s'était familiarisé avec le travail de Merce Cunningham, d'Yvonne Rainer et de Meredith Monk, entre autres, et éprouvait une affinité toute particulière pour cette dernière. Avec leurs expérimentations imbriquées, ces artistes avaient remplacé la chorégraphie traditionnelle par des gestes ordinaires subtilement stylisés et des mouvements axés sur des tâches pratiques. Leur travail donnait forme à celui de Bruce Nauman tout en établissant une norme à laquelle il savait, lui qui n'avait pas reçu leur formation, qu'il ne pourrait jamais satisfaire, mais qu'il pouvait utiliser comme élément de référence dans l'élaboration d'une esthétique parallèle.

Comme ses dates l'indiquent, *Untitled 1970/2009* est un prolongement de ces solos, mais aussi un développement allant bien plus loin que ceux-ci, qui se présente sous la forme d'un pas de deux roulé à même le sol. Cette œuvre met en scène deux danseuses étendues sur un tapis d'exercice sur lequel est tracé le contour épais d'un carré, subdivisé par des lignes partant des coins, du milieu de chacun des côtés et du milieu de ceux-ci, presque comme s'il s'agissait du cadran d'une montre. Chacune touchant les mains de sa partenaire pendant toute la durée de la séquence, au niveau du point correspondant au centre du carré, les deux femmes roulent sur elles-mêmes, sur les faces antérieure puis postérieure de leur corps et de nouveau sur le ventre puis sur le dos, accomplissant ce faisant une rotation à l'unisson autour du quadrilatère dans lequel elles sont confinées, alors même que la caméra qui les surplombe et enregistre leurs révolutions synchrones se met à tourner en sens inverse, toute l'image se mettant à tourbillonner comme un gyroscope unidimensionnel.

Attentives l'une à l'autre pour rester dans le même alignement, fonctionnant alors réellement comme la trotteuse humaine d'un chronomètre géant, les deux femmes conservent une posture dans laquelle il leur est extrêmement difficile de vérifier visuellement et tactilement leur position exacte, l'une par rapport à l'autre et relativement à la grille sur laquelle elles sont allongées. Comme souvent en matière de danse moderne, c'est le décompte mentalement effectué par les interprètes, nécessaire pour conserver le tempo afin que chacune des deux danseuses demeure synchrone avec l'autre, qui semble constituer le mécanisme principal permettant de parvenir à cette unité de mouvement. La performance dure en tout trente-deux minutes au bout desquelles, après une brève phase de dégradation de la

1. *Cup Merging with its Saucer*, 1965
2. *The True Artist Helps the World by Revealing Mystic Truths (Window or Wall Sign)*, 1967

1. 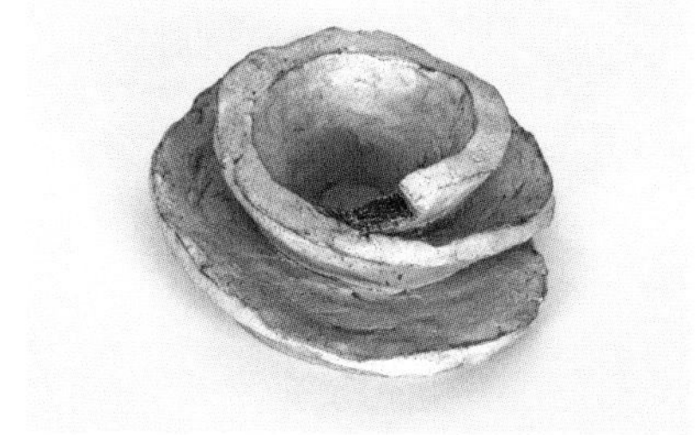

2. 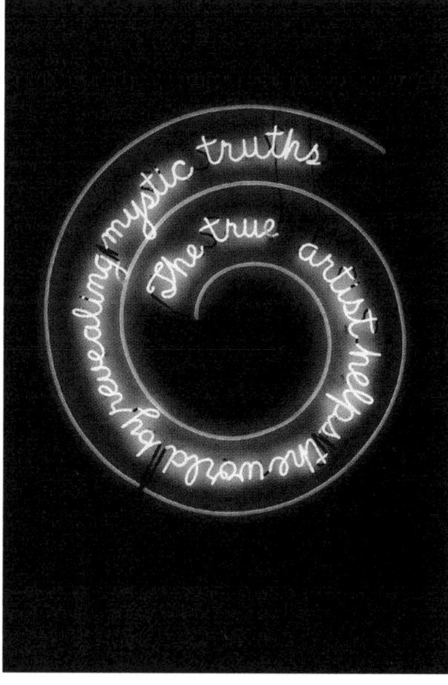

Bodily Matrixed Motion

Robert Storr

In 1966 Bruce Nauman graduated with an MFA from the University of California, Davis, a campus in the agricultural central valley of that state, which boasted an active art department under the leadership of Funk masters William T. Wiley — with whom Nauman collaborated on his first neon — and Robert Arneson — the work Nauman contributed to the school's permanent collection were two bisque objects resembling coffee cups spiraling out of shape (1) — as well as Pop realist painter Wayne Thiebaud — for whom Nauman was a teaching assistant.

Thereupon, Nauman made his way to the Bay Area where he set up a studio in a former bodega. It was there that he made some of his most important early works, including the neon titled *The True Artist Helps the World by Revealing Mystic Truths* (1967) (2), which had been partially inspired by an advertising sign that had been left behind in the retail area's window. The piece was simultaneously an idealistic statement recalling those of the Abstract Expressionists and a question in the form of a declaration — is the artist a seer, is helping the world his or her vocation? — a public announcement in a commercial medium, and a private rumination radiating from the artist's inner sanctum.

Accordingly, Nauman's primary preoccupation during this period was fleshing out a definition of what being a true artist really meant and what such an artist actually did. In large part, his practice consisted of exploring the use of his own body in the space he had claimed and emptied in order to create a tabula rasa in his studio. The challenges Nauman devised to probe the limits of his physical and mental strength using only the sequence of notes D.E.A.D. for his work *Violin Tuned D.E.A.D.* (1968) — Nauman had studied guitar but not violin — and performing a variety of floor exercises in which he moved around prescribed areas in repeating patterns until the point of exhaustion — here again he did so as an amateur. Nonetheless, he was familiar with the work of Merce Cunningham, Yvonne Rainer, and Meredith Monk among others, and felt a special affinity for the latter. In their overlapping experimentations, they had supplanted traditional choreography with ordinary, subtly stylized gestures and task-oriented movements. Their work informed Nauman's while setting a standard against which he, who had not been schooled as they had, knew he could never meet but that he could use as a reference for developing a parallel aesthetic.

As its dates indicate, *Untitled 1970/2009* is an extension of those solos and a development beyond them in the form of a rolling, floor-bound "pas de deux." It involves two female performers who stretch out on an exercise pad inscribed with a heavily outlined square that has been crisscrossed by supplementary lines running from corner to corner, from the mid-point of each side to the opposite mid-point and in subdivisions thereof almost like a clock face. Touching hands for the duration of the piece, at a point corresponding to the center of the square, the women roll over from the front to the back of their bodies and then again on to their fronts and over again on their backs in the process rotating in unison around the confining rectangle, even as the overhead camera recording their synchronous revolutions commences to rotate in the opposite direction, causing the whole image to spin like a one dimensional gyroscope.

Keeping track of each other in order to stay in alignment so that they effectively operate like the human sweep hand of a giant chronometer while remaining in a posture in which visual and tactile verification of their exact positions relative to one another and to the grid on which they lay is extremely difficult. And, as is the case with much modern dance, counting mentally to keep the pace so that one dancer does not get ahead of the other would seem to be the primary mechanism for achieving this unity of movement. In all, the performance lasts thirty-two minutes at which point, after a brief period of deteriorating coordination between them, they abandon the effort, and uncouple in what appears to be slow motion dizziness.

As with Nauman's own early performances, *Untitled 1970/2009* combines strange grace with an obvious yet seemingly absurd test of self-control and stamina. It also mixes media in striking and conceptually provocative ways. Whereas traditional dance, both classical and modern, has generally played upon a defiance of gravity, Nauman has respected its pull and made it the main kinetic protagonist of the work, as he did in a number of early videos, notably in videos such as *Elke Allowing the Floor to Rise Up Over Her, Face Up* (3) and *Tony Sinking into the Floor, Face Up, and Face Down* (4) (all 1973). From another vantage point it might also be seen as a tangential avant-garde variation on and hybrid of Trisha Brown's *Walking on the Wall* (1971) and a Busby Berkeley routine. And all the while, it is also a video sculpture, an animated drawing.

For some time now it has been customary in "advanced" critical circles to speak skeptically if not scornfully of "humanism" as an aesthetic criteria much less as a goal. The reasons for this are many and this brief entry does not permit one to explore them much less dispute some of the more dogmatic excuses for such doubt or contempt. However, it does allow one to raise the question of why those with aspirations for a better world — or sincere if not bitter regrets that we have failed to make it better — so casually disparage humanism as an ideal. For the present, I will simply affirm that Nauman's art is incomprehensible without an appreciation for how, from pieces such as *Neon Templates of the Left Half of My Body Taken at Ten-Inch Intervals* (1966) (5) — electronic calipers that riff on the proportions of classical statuary — to *Untitled 1970/2009* — an oblique riff on Leonardo da Vinci's rendition of Vitruvian man —- a disabused humanism rather than anti-humanism are at the core of Nauman's enterprise. With them, as with so many others, he has taken the measure of fallible man and woman, and used them to measure our phenomenological and existential reality.

synchronisation, elles abandonnent leur effort et se désaccouplent comme dans un vertige au ralenti.

À l'instar des premières performances personnelles de Bruce Nauman, *Untitled 1970/2009* allie à une grâce singulière une épreuve évidente – bien que d'apparence absurde – de maîtrise de soi et d'endurance. Par ailleurs, la pièce mélange remarquablement les techniques, de façon frappante et conceptuellement provocante. Tandis que la danse traditionnelle, classique ou moderne, repose en général sur un défi à la pesanteur, Bruce Nauman respecte ici l'attraction de la gravité pour en faire la principale protagoniste cinétique de l'œuvre, comme dans nombre de ses premières vidéos, telles que *Elke Allowing the Floor to Rise Up Over Her, Face Up* (3) et *Tony Sinking into the Floor, Face Up, and Face Down* (4) (datant toutes deux de 1973). Sous un autre point de vue, il serait également possible de considérer cette œuvre comme une variation avant-gardiste et tangentielle ainsi qu'un hybride de *Walking on the Wall* (1971) de Trisha Brown et d'une séquence chorégraphique de Busby Berkeley, tout comme on peut également y voir une sculpture vidéo ou un dessin animé.

Dans les cercles de la critique d'« avant-garde », on a depuis quelque temps coutume d'aborder avec scepticisme, voire avec mépris, la question de l'« humanisme » quand il relève moins du critère esthétique que du but à atteindre. Les raisons en sont nombreuses. Cette brève présentation ne permet pas de les étudier et encore moins de discuter certains des arguments les plus dogmatiques étayant ce doute ou ce mépris. Mais elle nous autorise cependant à nous demander pourquoi ceux qui aspirent à un monde meilleur – ou regrettent sincèrement, si ce n'est amèrement, que nous ayons échoué à l'améliorer – dénigrent avec une telle désinvolture l'humanisme comme idéal. Je me contenterai d'affirmer ici que l'art de Bruce Nauman demeure incompréhensible si l'on ne reconnaît pas que – de *Neon Templates of the Left Half of My Body Taken at Ten-Inch Intervals* (1966) (5), des compas électroniques jouant avec les proportions de la statuaire classique, jusqu'à *Untitled 1970/2009*, une réinterprétation libre de l'homme de Vitruve de Léonard de Vinci –, un humanisme désabusé plutôt qu'un antihumanisme se trouve au cœur de son entreprise. Avec ces œuvres, comme avec tant d'autres, il a pris la mesure du faillible chez l'homme et la femme, l'utilisant pour prendre celle de notre réalité phénoménologique et existentielle.

3. *Elke Allowing the Floor to Rise Up Over Her, Face Up*, 1973
4. *Tony Sinking into the Floor, Face Up, and Face Down*, 1973
5. *Neon Templates of the Left Half of My Body Taken at Ten-Inch Intervals*, 1966

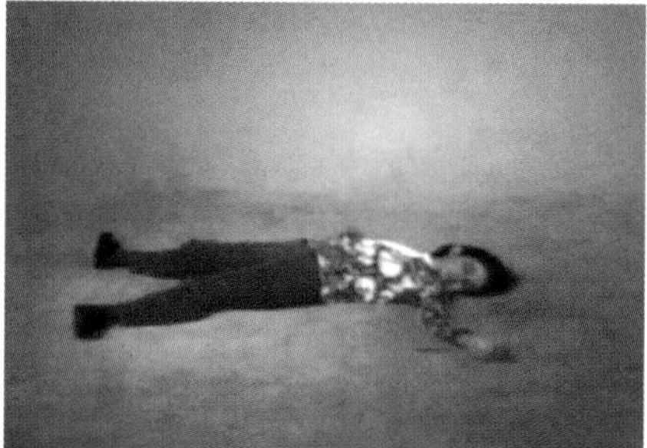

3.

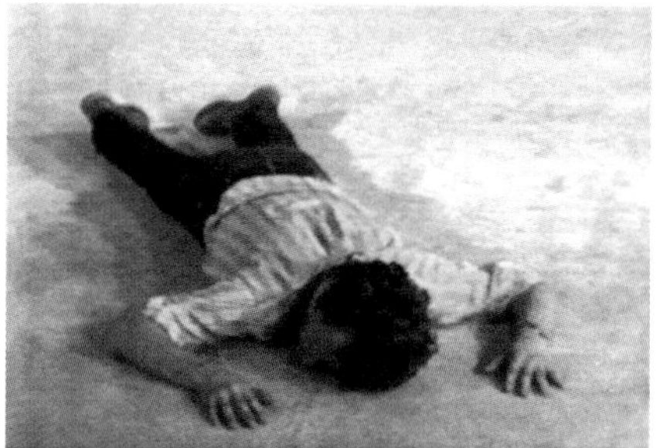

4.

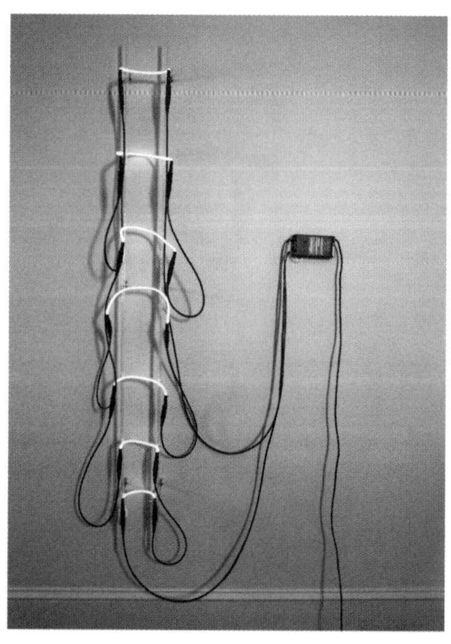

5.

Annexes / Appendices

Bruce Nauman

Né en 1941 à Fort Wayne (Indiana), Bruce Nauman étudie les mathématiques et la physique à l'université du Wisconsin puis obtient un Master of Fine Arts à l'université de Californie en 1966. Très vite, il abandonne la peinture pour se consacrer à la sculpture, à la performance, à l'installation et à la vidéo. Il établit d'abord son studio en Californie, puis s'installe à la fin des années 1970 au Nouveau-Mexique où il vit et travaille encore aujourd'hui.

Bruce Nauman présente ses œuvres pour la première fois en galerie en 1966 à la Nicholas Wilder Gallery de Los Angeles, puis deux ans plus tard à la Leo Castelli Gallery de New York. En 1972, le Los Angeles County Museum of Art organise en collaboration avec le Whitney Museum of American Art de New York sa première exposition majeure.

Depuis, l'œuvre de Bruce Nauman a fait l'objet de nombreuses expositions dans des institutions de premier plan, notamment au musée d'Art moderne de la Ville de Paris, à la Kunsthalle de Bâle et à la Whitechapel Gallery de Londres en 1986.

En 1993, le Hirshhorn Museum de Washington organise conjointement avec le Walker Art Center de Minneapolis et le Museum of Modern Art de New York une rétrospective de son œuvre présentée également à Madrid, Los Angeles et Zurich.

En 1997, le Centre Pompidou à Paris, le Kunstmuseum à Wolfsbourg, la Hayward Gallery à Londres et le Nykytaiteen museo Kiasma à Helsinki organisent ensemble une grande exposition de ses films, néons et installations.

Invité à concevoir un projet pour le Turbine Hall de la Tate Modern à Londres, Bruce Nauman crée la vaste sculpture sonore *Raw Materials* en 2004.

Cinq ans plus tard, il représente les États-Unis à la LIIIe Biennale de Venise et reçoit le Lion d'or de la meilleure participation nationale.

Bruce Nauman est représenté par la galerie Sperone Westwater de New York, où il expose régulièrement ses œuvres.

Born in 1941 in Fort Wayne, Indiana, Bruce Nauman studied mathematics and physics at the University of Wisconsin before receiving a Master of Fine Arts from the University of California in 1966. He quickly abandoned painting for sculpture, performance, installation, and video, working from his California studio until the end of the 1970s, at which point he moved to New Mexico where he currently lives and works.

Bruce Nauman had his first gallery show in 1966 at the Nicholas Wilder Gallery in Los Angeles, and an exhibition at the Leo Castelli Gallery in New York two years later. In 1972, the Los Angeles County Museum of Art and the Whitney Museum of American Art in New York jointly organized his first survey show.

Major solo exhibitions have since been held worldwide at some of the most important art institutions, including the Musée d'Art Moderne de la Ville de Paris, Whitechapel Gallery in London, and the Kunsthalle in Basel in 1986.

In 1993, the Hirshhorn Museum in Washington co-organized a retrospective with the Walker Art Center in Minneapolis and the Museum of Modern Art in New York, which traveled to Madrid, Los Angeles, and Zurich.

In 1997, the Centre Pompidou in Paris, the Kunstmuseum in Wolfsburg, the Hayward Gallery in London, and the Nykytaiteen museo Kiasma in Helsinki assembled a survey of film, video, neon sculptures, and installations.

For his 2004 commission for the Tate Modern's Turbine Hall, Bruce Nauman created the vast sound sculpture *Raw Materials*.

In 2009, he represented the United States at the 53rd Venice Biennale, where he was awarded the Golden Lion for Best National Participation.

Bruce Nauman is represented by Sperone Westwater in New York, where he regularly shows his works.

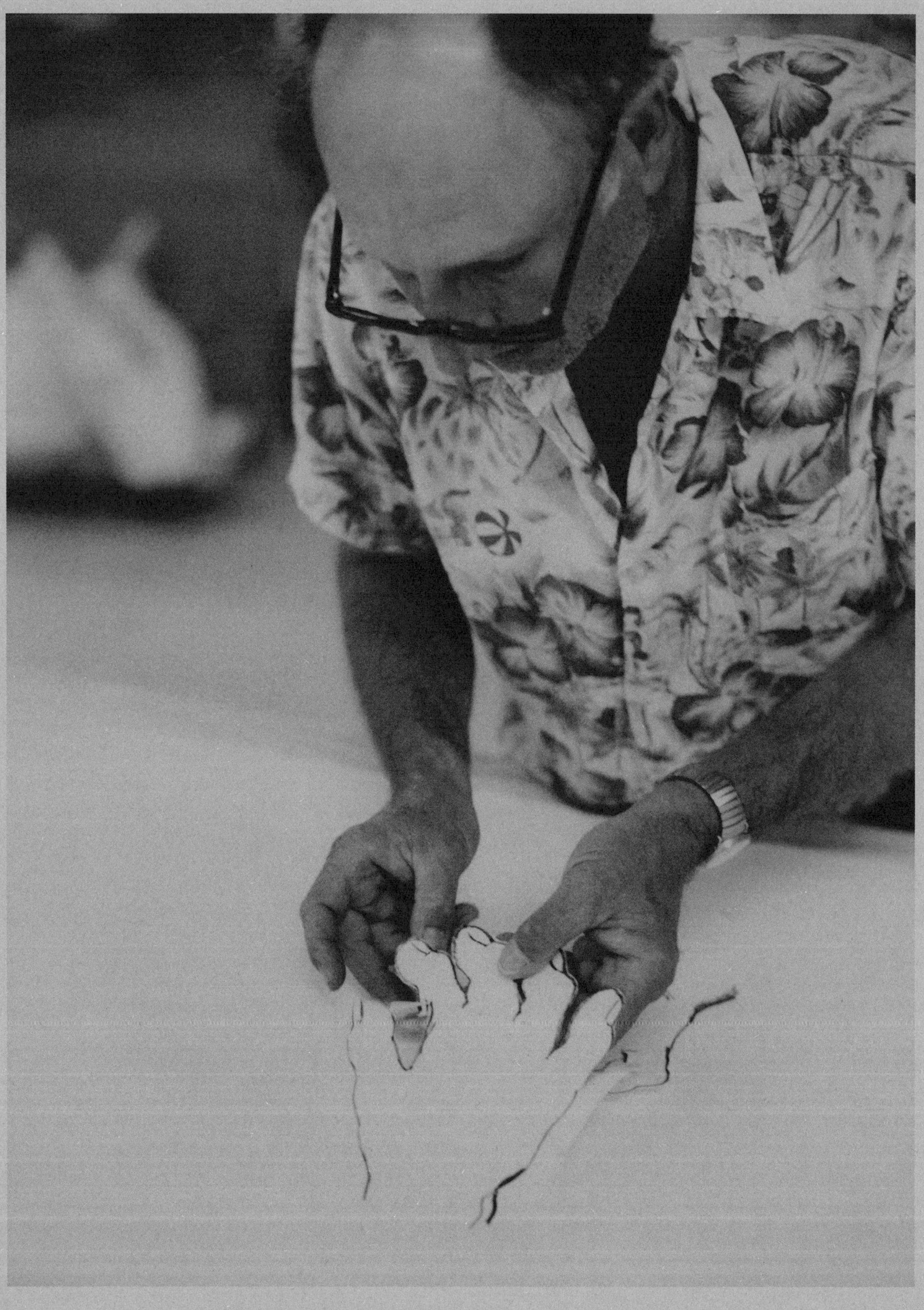

Bruce Nauman, Gemini G.E.L.,
atelier lithographique / lithography workshop,
Los Angeles, 1998

Liste d'expositions / Exhibition List

Expositions individuelles / Solo Exhibitions

2015

Bruce Nauman, Fondation Cartier pour l'art contemporain, Paris

2014

Bruce Nauman's Words on Paper, Art Gallery of Ontario, Toronto

2013

Bruce Nauman: Some Illusions — Drawings and Videos, Sperone Westwater, New York

Bruce Nauman, Göteborgs Konstmuseum, Göteborg, Suède / Gothenburg, Sweden

Bruce Nauman: Mindfuck, Hauser & Wirth, Londres / London

2012

Bruce Nauman: One Hundred Fish Fountain, Gagosian Gallery, New York

Bruce Nauman: Days, Institute of Contemporary Arts, Londres / London

Bruce Nauman: Inside the White Cube, White Cube, Londres / London

2011

Bruce Nauman: Combinations Described (Chicago), Donald Young Gallery, Chicago

Bruce Nauman: Für Kinder/ Beschriebene Kombinationen, Konrad Fischer Galerie, Berlin; Konrad Fischer Galerie, Düsseldorf (2015)

Bruce Nauman: Der wahre Künstler, Kunsthalle Mannheim, Mannheim, Allemagne / Germany

2010

Bruce Nauman: For Children/ For Beginners, Sperone Westwater, New York

Bruce Nauman: Days, Museum of Modern Art, New York

2009

Bruce Nauman: Topological Gardens, 53. Biennale di Venezia, United States Pavilion, Giardini della Biennale; Universitá Iuav di Venezia, Tolentini; Universitá Ca' Foscari, Venise / Venice

2008

Bruce Nauman: Drawings for Installations, Sperone Westwater, New York

2007

A Rose Has No Teeth: Bruce Nauman in the 1960s, University of California, Berkeley Art Museum and Pacific Film Archive, Berkeley; Castello di Rivoli Museo d'Arte Contemporanea, Turin; Menil Collection, Houston

2006

Elusive Signs: Bruce Nauman Works with Light, Milwaukee Art Museum, Milwaukee; Indianapolis Museum of Art, Indianapolis; Museum of Contemporary Art, North Miami; Henry Art Gallery, University of Washington, Seattle (2007); Musée d'art contemporain, Montréal (2007); Australian Centre for Contemporary Art, Melbourne (2007); Queensland Art Gallery, Brisbane (2008); Museum of Contemporary Art San Diego, San Diego (2008)

Bruce Nauman: Mental Exercises, NRW-Forum Kultur und Wirtschaft, Düsseldorf

Bruce Nauman: Make Me Think Me, Tate Liverpool, Liverpool; Museo d'Arte Contemporanea Donnaregina, Naples

2005

Bruce Nauman, Donald Young Gallery, Chicago

Circuito Fechado: Filmes e Vídeos de Bruce Nauman, 1967-2001, Centro Cultural Banco do Brasil, Rio de Janeiro

Bruce Nauman: Audio-Video Underground Chamber und frühe Filme, Museum Moderner Kunst Stiftung Ludwig Wien, Vienne / Vienna

2004

Bruce Nauman: Setting a Good Corner (Allegory & Metaphor), Power House Memphis, Memphis

Bruce Nauman, PKM Gallery, Séoul / Seoul

The Unilever Series: Bruce Nauman — Raw Materials, Tate Modern, Londres / London

2003

Bruce Nauman: Theaters of Experience, Deutsche Guggenheim, Berlin

2002

Bruce Nauman: Neons, Sculptures, Drawings, Van de Weghe Fine Art, New York

Bruce Nauman: All Action Edit — Mapping the Studio I, Office Edit I, Office Edit II with Color Shift, Flip, Flop & Flip/Flop, Konrad Fischer Galerie, Düsseldorf

Bruce Nauman: Mapping the Studio II (Fat Chance John Cage), Sperone Westwater, New York; Museum für Gegenwartskunst Basel, Bâle / Basel

Bruce Nauman: Mapping the Studio I (Fat Chance John Cage), Dia Center for the Arts, New York; Museum Ludwig, Cologne (2003)

2001

Bruce Nauman: Selected Works, Zwirner & Wirth, New York

2000

Samuel Beckett/Bruce Nauman, Kunsthalle Wien, Vienne / Vienna

1999

Bruce Nauman: Werke aus den Sammlungen Froehlich und FER, Museum für Neue Kunst, Karlsruhe, Allemagne / Germany

1999

Bruce Nauman: Setting a Good Corner (Allegory & Metaphor), Stedelijk Museum, Amsterdam

Bruce Nauman, Donald Young Gallery, Chicago

1998

Bruce Nauman: Films, 1967–69, Dia Center for the Arts, New York

Bruce Nauman: Versuchsanordnungen, Werke 1965-1994, Hamburger Kunsthalle, Hambourg / Hamburg

1997

Bruce Nauman: Image/Text, 1966–1996, Kunstmuseum Wolfsburg, Wolfsbourg, Allemagne / Wolfsburg, Germany; Musée national d'art moderne, Centre Georges Pompidou, Paris; Hayward Gallery, Londres / London (1998); Nykytaiteen museo Kiasma, Helsinki (1998)

Bruce Nauman, 1985–1996: Drawings, Prints, and Related Works, Aldrich Museum of Contemporary Art, Ridgefield, États-Unis / United States; Cleveland Center for Contemporary Art, Cleveland, États-Unis / United States (1998)

Bruce Nauman: World Peace (Projected), Staatsgalerie Moderne Kunst, Munich

Bruce Nauman: Shadow Puppet Spinning Head, Hauser & Wirth, Zurich

1995

Bruce Nauman: Elliott's Stones, Museum of Contemporary Art, Chicago

1994

Bruce Nauman: Sieben Tugenden und Sieben Laster, Konrad Fischer Galerie, Düsseldorf

Bruce Nauman: Falls, Pratfalls and Sleights of Hand, Leo Castelli Gallery, New York; Anthony d'Offay Gallery, Londres / London; Jean Bernier Gallery, Athènes / Athens (1995)

1993

Bruce Nauman: Retrospective, Museo Nacional Centro de Arte Reina Sofía, Madrid; Walker Art Center, Minneapolis (1994); Museum of Contemporary Art, Los Angeles (1994); Hirshhorn Museum and Sculpture Garden, Smithsonian Institution, Washington, D.C. (1994); Museum of Modern Art, New York (1995); Kunsthaus Zürich, Zurich (1995)

1992

Bruce Nauman, Ydessa Hendeles Art Foundation, Toronto

1991

Bruce Nauman: Prints and Multiples, Museum van Hedendaagse Kunst, Gand, Belgique / Ghent, Belgium; Douglas Hyde Gallery, Trinity College, Dublin; Museum Boijmans Van Beuningen, Rotterdam; Heiligenkreuzerhof, Hochschule für angewandte Kunst, Vienne / Vienna; Institute of Contemporary Arts, Londres / London; City Museum, Stoke-on-Trent, Angleterre / England (1992); Tel Aviv Museum of Art, Tel Aviv (1992)

Bruce Nauman: Prints, Gallery 360°, Tokyo

1990

Bruce Nauman: Skulpturen und Installationen, 1985-1990, Museum für Gegenwartskunst Basel, Bâle / Basel; Städtische Galerie, Städelsches Kunstinstitut, Francfort-sur-le-Main, Allemagne / Frankfurt am Main, Germany (1991); musée cantonal des Beaux-Arts, Lausanne (1991)

Bruce Nauman, Leo Castelli Gallery, New York

Bruce Nauman: Shadow Puppets and Instructed Mime, Sperone Westwater, New York

1989

Bruce Nauman: A Survey, Anthony d'Offay Gallery, Londres / London

Bruce Nauman: Prints, 1970–89, Castelli Graphics, New York; Lorence-Monk Gallery, New York; Donald Young Gallery, Chicago; Earl McGrath Gallery, Los Angeles; Pence Gallery, Santa Monica

Bruce Nauman: Heads and Bodies, Konrad Fischer Galerie, Düsseldorf

1988

Bruce Nauman, Galeries Contemporaines, Musée national d'art moderne, Centre Georges Pompidou, Paris

1987

Bruce Nauman: Video, 1965–1986, Museum of Contemporary Art, Los Angeles

1986

Bruce Nauman: Drawings/Bruce Nauman: Zeichnungen, 1965–1986, Museum für Gegenwartskunst Basel, Bâle / Basel; Kunsthalle Tübingen, Tübingen, Allemagne / Germany; Städtisches Kunstmuseum, Bonn, Allemagne /Germany; Museum Boijmans Van Beuningen, Rotterdam; Kunstraum München, Munich (1987); Badischer Kunstverein, Karlsruhe, Allemagne / Germany (1987); Hamburger Kunsthalle, Hambourg / Hamburg (1987); New Museum of Contemporary Art, New York (1987); Contemporary Arts Museum Houston, Houston (1988); Museum of Contemporary Art, Los Angeles (1988); University Art Museum, University of California, Berkeley (1988)

Bruce Nauman, ARC, musée d'Art moderne de la Ville de Paris, Paris; Kunsthalle Basel, Bâle / Basel; Whitechapel Art Gallery, Londres / London

Bruce Nauman : Œuvres sur papier, Galerie Yvon Lambert, Paris

1985

New Work: Neons and Drawings, Donald Young Gallery, Chicago

1984

Seven Virtues and Seven Vices: White Anger, Red Danger, Yellow Peril, Black Death, Sperone Westwater, New York

Room with My Soul Left Out, Leo Castelli Gallery, New York

1982

Bruce Nauman: Neons, Baltimore Museum of Art, Baltimore

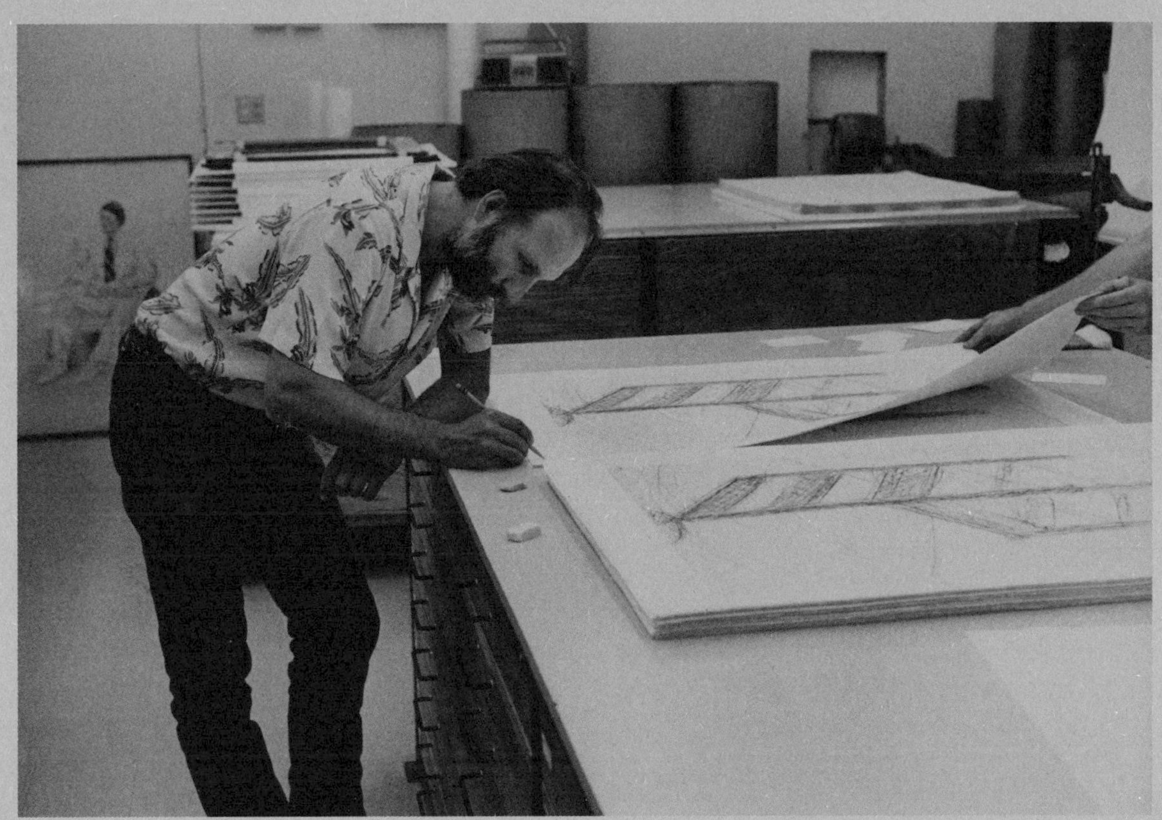

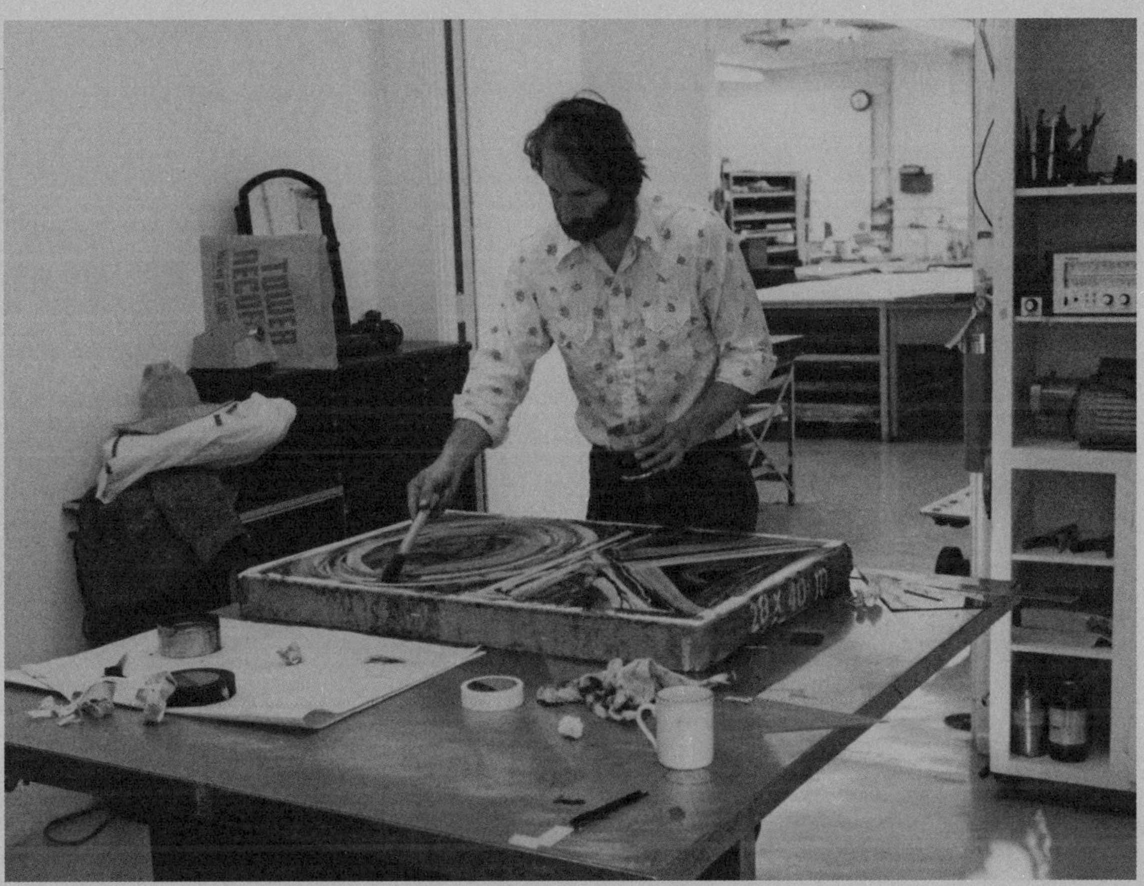

Bruce Nauman, Gemini G.E.L.,
Los Angeles, 1980-1983

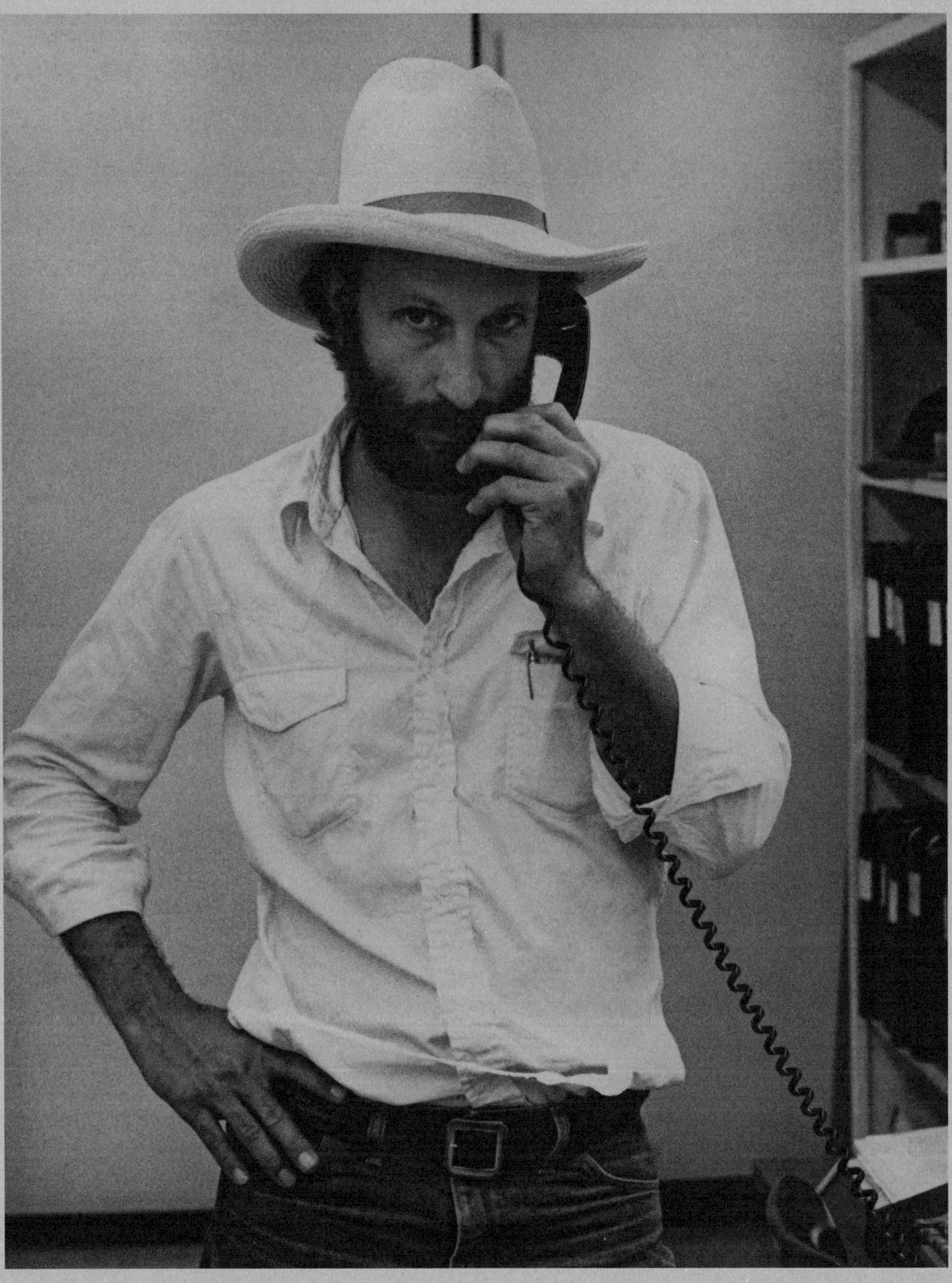

Bruce Nauman, Gemini G.E.L.,
Los Angeles, 1981

1982

Bruce Nauman: Violins Violence Silence, Leo Castelli Gallery, New York; Sperone Westwater Fischer, New York

1981

Bruce Nauman: Photo Piece, Window Screen, Hologram, Neon Sculptures, Cast-Iron Sculpture, Drawings, 1967–1981, Konrad Fischer Galerie, Zurich

Bruce Nauman, 1972–1981, Kröller-Müller Museum, Otterlo, Pays-Bas / Netherlands; Staatliche Kunsthalle Baden-Baden, Baden-Baden, Allemagne / Germany

Bruce Nauman: 1/12 Scale Models for Underground Pieces, Albuquerque Museum, Albuquerque, États-Unis / United States

1980

Forced Perspective or False Perspective: Drawings by Bruce Nauman, Nigel Greenwood, Londres / London

North, East, South, South East, Konrad Fischer Galerie, Düsseldorf

Bruce Nauman, Leo Castelli Gallery, New York

1979

Bruce Nauman: Prints, Hester van Royen Gallery, Londres / London

1978

Large Studies in Combinations of Olive, Mustard and Pink Fiberglass and Polyester Resin in 4 Groups and One Study in Cast Iron All at 1:50 Scale of Combinations of Shafts, Trenches, and Tunnels, Konrad Fischer Galerie, Düsseldorf

Bruce Nauman, Leo Castelli Gallery, New York

1976

The Consummate Mask of Rock, Sperone Westwater Fischer, New York; Ileana Sonnabend Gallery, New York; Leo Castelli Gallery, New York; Nicholas Wilder Gallery, Los Angeles (1977)

Drawings, Ace Gallery, Los Angeles

1975

Forced Perspective: Open Mind, Closed Mind, Equal Mind, Parallel Mind (Allegory and Symbolism), Konrad Fischer Galerie, Düsseldorf

The Consummate Mask of Rock, Albright-Knox Art Gallery, Buffalo

1973

Flayed Earth/Flayed Self (Skin/Sink), Nicholas Wilder Gallery, Los Angeles

1972

Bruce Nauman: Work from 1965 to 1972, Los Angeles County Museum of Art, Los Angeles; Whitney Museum of American Art, New York (1973); Kunsthalle Bern, Berne, Suisse / Bern, Switzerland (1973); Städtische Kunsthalle, Düsseldorf (1973); Stedelijk Van Abbemuseum, Eindhoven, Pays-Bas / Netherlands (1973); Palazzo Reale, Milan (1974); Contemporary Arts Museum Houston, Houston (1974); San Francisco Museum of Art, San Francisco (1974)

1971

Left or Standing, Standing or Left Standing, Leo Castelli Gallery, New York

Galerie Ileana Sonnabend, Paris

1970

Nicholas Wilder Gallery, Los Angeles

Galleria Sperone, Turin

Konrad Fischer Galerie, Düsseldorf

1969

Galerie Ileana Sonnabend, Paris

Bruce Nauman: Holograms, Videotapes, and Other Works, Leo Castelli Gallery, New York

Nicholas Wilder Gallery, Los Angeles

1968

6 Day Week, 6 Sound Problems, Konrad Fischer Galerie, Düsseldorf

Leo Castelli Gallery, New York

1966

Nicholas Wilder Gallery, Los Angeles

Master of Arts Degree Exhibition, University of California, Davis

Expositions collectives / Group Exhibitions

1991

1991 Biennial Exhibition, Whitney Museum of American Art, New York

Dislocations, Museum of Modern Art, New York

1988

Carnegie International, Carnegie Museum of Art, Pittsburgh

1982

Documenta VII, Fridericianum, Kassel, Allemagne / Germany

1977

Documenta VI, Fridericianum, Kassel, Allemagne / Germany

1972

Documenta V, Fridericianum, Kassel, Allemagne / Germany

1970

American Drawings, Galerie Yvon Lambert, Paris

Tokyo Biennale '70, 10th International Art Exhibition of Japan: Between Man and Matter, Tokyo Metropolitan Art Museum, Tokyo; Kyoto Municipal Museum of Art, Kyoto; Aichi Prefectural Museum of Art, Nagoya; Fukuoka Prefectural Museum of Art, Fukuoka

1969

Live in Your Head: When Attitudes Become Form (Works-Concepts-Processes-Situations-Information), Kunsthalle Bern, Berne, Suisse / Bern, Switzerland; Museum Haus Lange, Crevelt, Allemagne / Krefeld, Germany; Institute of Contemporary Arts, Londres / London

1968

Documenta IV, Fridericianum, Kassel, Allemagne / Germany

Bibliographie sélective / Selected Bibliography

Monographies / Monographs

Peter Plagens, *Bruce Nauman: The True Artist*, Phaidon Press, Londres / London, 2014

Janet Kraynak, *Nauman Reiterated*, University of Minnesota Press, Minneapolis, 2014

Erika Torri, *Bruce Nauman: Artists' Books Collection*, Athenaeum Music & Arts Library, La Jolla, États-Unis / United States, 2013

Robert Slifkin, *Bruce Nauman: Going Solo*, Douglas F. Cooley Memorial Art Gallery, Reed College, Portland, 2012

Claudine Humblet, *Bruce Nauman ou la Relation de l'art à la condition humaine : Un autre aspect de l'art post-moderniste*, Skira-Flammarion, Paris, 2011

Eugen Blume, *Bruce Nauman: Live or Die*, DuMont Buchverlag, Cologne, 2010

Farid Rahimi, *Bruce Nauman: Inventa e muori – Interviste 1967-2001*, Gian Enzo Sperone, New York / a+m bookstore edizioni, Rome / Roma, 2005

Janet Kraynak, *Please Pay Attention Please: Bruce Nauman's Words*, MIT Press, Cambridge, États-Unis / United States, 2003

Robert C. Morgan, *Bruce Nauman*, Johns Hopkins University Press, Baltimore, 2002

Bruno Eble, *Le Miroir sans reflet : Considérations autour de l'œuvre de Bruce Nauman*, L'Harmattan, Paris, 2001

Elliott Gray DeMerell, *The Art of Punishing: Bruce Nauman and Michel Foucault*, Virginia Commonwealth University, Richmond, États-Unis / United States, 2000

Beatrice von Bismarck, *Bruce Nauman: The True Artist / Der wahre Künstler*, Hatje Cantz Verlag, Ostfildern, Allemagne / Germany, 1998

Christine Hoffmann, *Bruce Nauman: Interviews, 1967–1988*, Verlag der Kunst, Amsterdam, 1996

Susan Brundage, *Bruce Nauman: 25 Years Leo Castelli*, Leo Castelli Gallery / Rizzoli International Publications, New York, 1994

Bruce Nauman: Fingers and Holes, Gemini G.E.L., Los Angeles, 1994

Coosje van Bruggen, *Bruce Nauman*, Rizzoli International Publications, New York, 1988

Dennis Oppenheim, *Flower Arrangement for Bruce Nauman*, Multiples, New York, 1970

Bruce Nauman: LAAir, Multiples Inc., New York, 1970

—

Catalogues d'expositions individuelles / Solo exhibition catalogs

Bruce Nauman, Fondation Cartier pour l'art contemporain, Paris, 2015
Textes de / Texts by Joan Simon, Robert Storr

Bruce Nauman, Göteborgs Konstmuseum, Göteborg, Suède / Gothenburg, Sweden, 2013
Textes de / Texts by Michael Azar, Isabella Nilsson, Kim West

Bruce Nauman: Mindfuck, Hauser & Wirth, Londres / London, 2013
Texte de / Text by Philip Larratt-Smith

Bruce Nauman: Inside the White Cube, White Cube, Londres / London, 2013
Textes de / Texts by Dorothy Feaver, Constance Lewallen, Honey Luard

Bruce Nauman: Topological Gardens, Philadelphia Museum of Art, Philadelphie / Philadelphia, 2009
Textes de / Texts by Carlos Basualdo, Erica F. Battle, Marco De Michelis, Michael R. Taylor

Bruce Nauman: Topological Gardens, Installation Views, Philadelphia Museum of Art, Philadelphie / Philadelphia, 2009
Texte de / Text by Carlos Basualdo

Bruce Nauman: Drawings for Installations, Sperone Westwater, New York, 2008
Texte de / Text by Michael Auping

A Rose Has No Teeth: Bruce Nauman in the 1960s, Berkeley Art Museum, Berkeley, 2007
Textes de / Texts by Constance Lewallen, Robert R. Riley, Robert Storr, Anne M. Wagner

Bruce Nauman at Gemini: Infrared Outtakes, Gemini G.E.L., Los Angeles, 2007
Texte de / Text by Constance Lewallen

Bruce Nauman: Mental Exercises, NRW-Forum Kultur und Wirtschaft, Düsseldorf, 2006
Texte de / Text by Friederike Wappler

Bruce Nauman: Make Me Think Me, Tate Liverpool, Liverpool, 2006
Textes de / Texts by Lynne Cook, Anna Dezeuze, Johanna Drucker, Laurence Sillars

Pay Attention: Bruce Nauman, Videos from the Collection of Barbara Balkin Cottle and Robert Cottle, Scottsdale Museum of Contemporary Art, Scottsdale, États-Unis / United States, 2005
Texte de / Text by Marilu Knode

Circuito Fechado: Filmes e Vídeos de Bruce Nauman, 1967-2001, Centro Cultural Banco do Brasil, Rio de Janeiro, 2005
Textes de / Texts by Nessia Leonzini, Lilian Tone

Bruce Nauman: Audio-Video Underground Chamber, Verlag für moderne Kunst Nürnberg, Nuremberg, 2005
Textes de / Texts by Achim Hochdörfer, Edelbert Köb, Stefan Neuner, Wolfram Pichler

Bruce Nauman, PKM Gallery, Séoul / Seoul, 2004
Texte de / Text by David Rimanelli

Bruce Nauman: Raw Materials, Tate Modern, Londres / London, 2004
Texte de / Text by Emma Dexter

Bruce Nauman: Theaters of Experience, Deutsche Guggenheim, Berlin, 2003
Textes de / Texts by Susan Cross, Christine Hoffmann, Thomas Krens

Bruce Nauman: Neons, Sculptures, Drawings, Van de Weghe Fine Art, New York, 2003
Texte de / Text by Robert Storr

AC: Bruce Nauman, Mapping the Studio I (Fat Chance John Cage), Buchhandlung Walther König, Cologne, 2003
Textes de / Texts by Kasper König, Christine Litz

Bruce Nauman: Mapping the Studio II (Fat Chance John Cage), Museum für Gegenwartskunst Basel, Bâle / Basel, 2002
Texte de / Text by Philipp Kaiser
Bruce Nauman: Selected Works, Zwirner & Wirth, New York, 2001
Texte de / Text by John Yau

Samuel Beckett/Bruce Nauman, Kunsthalle Wien, Vienne / Vienna, 2000
Textes de / Texts by Kathryn Chiong, Steven Connor, Raymond Federman, Sabine Folie, Michael Glasmeier, Gaby Hartel, Christine Hoffmann, Hédi Kaddour, Gerald Matt, Nam June Paik, Joan Simon, Werner Spies, Friederike Wappler

Bruce Nauman: Werke aus den Sammlungen Froehlich und FER, Hatje Cantz Verlag, Ostfildern, Allemagne / Germany, 1999
Texte de / Text by Götz Adriani

Bruce Nauman: Versuchsanordnungen, Werke 1965-1994, Hamburger Kunsthalle, Hambourg / Hamburg, 1998
Textes de / Texts by Barbara Engelbach, Melitta Kliege, Günter Metken, Uwe M. Schneede, Joan Simon, Friederike Wappler

Bruce Nauman : Image/texte, 1966-1996, Centre Georges Pompidou, Paris, 1997
Textes de / Texts by François Albera, Vincent Labaume, Jean-Charles Massera, Gijs van Tuyl, Christine Van Assche
Textes republiés de / Reprinted texts by Michele D. De Angelus, Chris Dercon, Tony Oursler, Willoughby Sharp, Joan Simon, Marcia Tucker

Bruce Nauman, 1985–1996: Drawings, Prints, and Related Works, Aldrich Museum of Contemporary Art, Ridgefield, États-Unis / United States, 1997
Textes de / Texts by Ingrid Schaffner, Jill Snyder

Bruce Nauman: World Peace (Projected), Staatsgalerie Moderne Kunst, Munich, 1997
Textes de / Texts by Peter Prange, Carla Schulz-Hoffmann

Bruce Nauman: Elliott's Stones, Museum of Contemporary Art, Chicago, 1995
Texte de / Text by Lucinda Barnes

Bruce Nauman: Exhibition Catalogue and Catalogue Raisonné, Walker Art Center, Minneapolis, 1994
Textes de / Texts by Neal Benezra, Kathy Halbreich, Paul Schimmel, Joan Simon, Robert Storr

Bruce Nauman, Museo Nacional Centro de Arte Reina Sofía, Madrid, 1993

Bruce Nauman : Sculptures et installations, 1985-1990, musée cantonal des Beaux-Arts, Lausanne, 1990
Textes de / Texts by Franz Meyer, Jörg Zutter

Bruce Nauman: Prints, 1970–89: A Catalogue Raisonné, Castelli Graphics, Lorence-Monk Gallery, New York / Donald Young Gallery, Chicago, 1989
Textes de / Texts by Christopher Cordes, John Yau

Bruce Nauman: Drawings/Zeichnungen, 1965-1986, Museum für Gegenwartskunst Basel, Bâle / Basel, 1986
Textes de / Texts by Coosje van Bruggen, Dieter Koepplin, Franz Meyer

Bruce Nauman, Whitechapel Art Gallery, Londres / London, 1986
Textes de / Texts by Jean-Christophe Ammann, Nicholas Serota, Joan Simon

Bruce Nauman: Neons, Baltimore Museum of Art, Baltimore, 1982
Texte de / Text by Brenda Richardson

Bruce Nauman, 1972-1981, Kröller-Müller Museum, Otterlo, Pays-Bas / Netherlands; Staatliche Kunsthalle Baden-Baden, Baden-Baden, Allemagne / Germany, 1981
Textes de / Texts by Siegmar Holsten, Ellen Joosten, Rudolf Oxenaar, Katharina Schmidt

Bruce Nauman: 1/12 Scale Models for Underground Pieces, Albuquerque Museum, Albuquerque, États-Unis / United States, 1981
Texte de / Text by Jennie Lusk

The Consummate Mask of Rock, Albright-Knox Art Gallery, Buffalo, 1975
Texte de / Text by Linda L. Cathcart

Bruce Nauman: Flayed Earth/Flayed Self (Skin/Sink), Nicholas Wilder Gallery, Los Angeles, 1974

Bruce Nauman: Work from 1965 to 1972, Los Angeles County Museum of Art, Los Angeles, 1972
Textes de / Texts by Jane Livingston, Marcia Tucker

—

Catalogues d'expositions collectives / Group exhibition catalogs

1991 Biennial Exhibition, Whitney Museum of American Art, New York, 1991
Textes de / Texts by Richard Armstrong, John G. Hanhardt, Richard Marshall, Lisa Phillips

Dislocations, Museum of Modern Art, New York, 1991
Texte de / Text by Robert Storr

Tokyo Biennale '70: After the Exhibition — Between Man and Matter, Tokyo Metropolitan Art Museum, Tokyo, 1970

Tokyo Biennale '70: Between Man and Matter, Tokyo Metropolitan Art Museum, Tokyo, 1970

Live in Your Head: When Attitudes Became Form Become Attitudes, CCA Wattis Institute for Contemporary Arts, San Francisco, 1969
Textes de / Texts by Jens Hoffmann, Constance Lewallen, Julian Myers, Christian Rattemeyer
Entretiens par / Interviews by Jens Hoffmann, Harald Szeemann

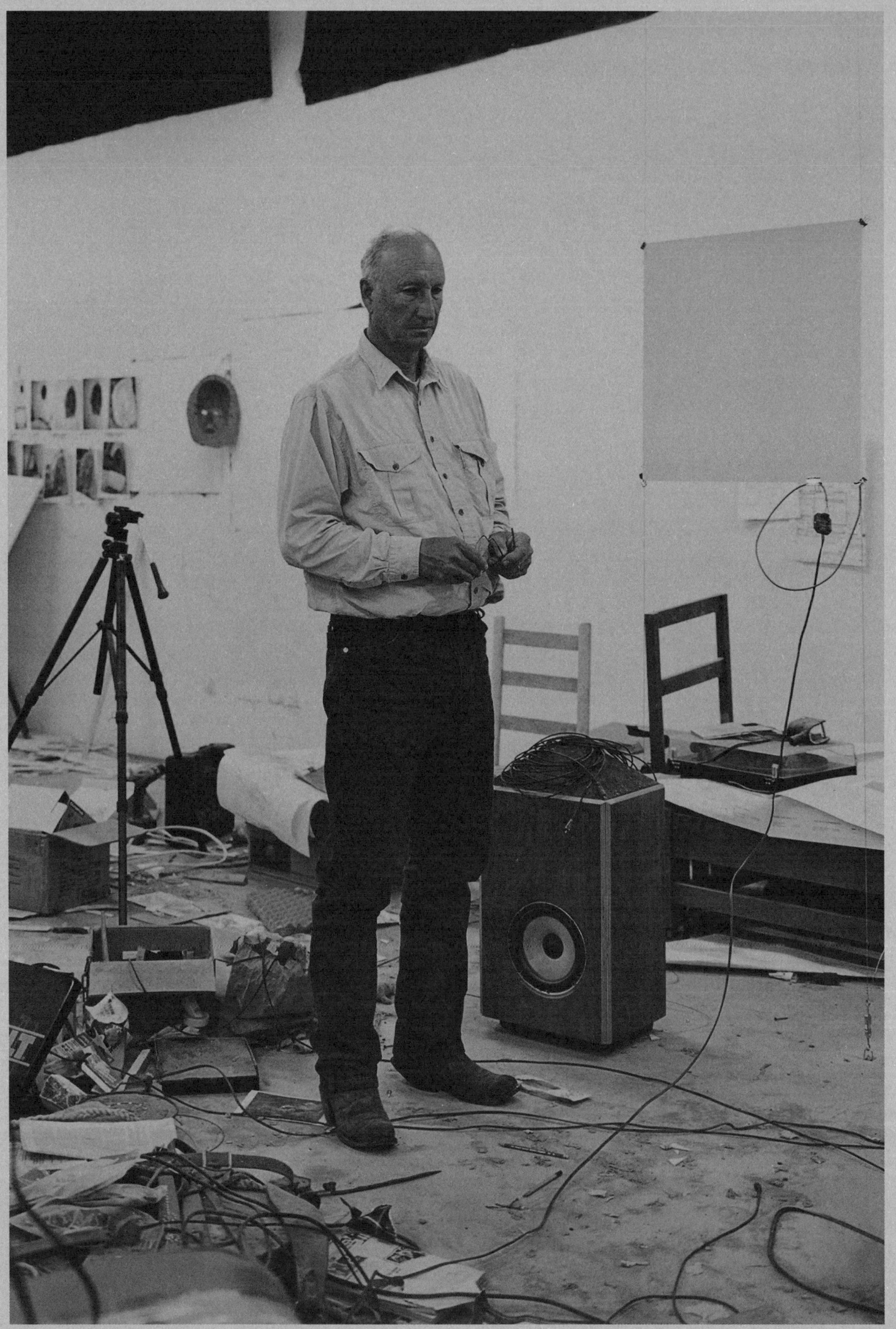

Joan Simon

Joan Simon est commissaire d'exposition indépendant, écrivain et administratrice d'art. De 2004 à 2009, elle a été conservateur au Whitney Museum of American Art de New York et a notamment organisé les expositions *Alexander Calder: The Paris Years, 1926–1933* (2008), en collaboration avec Brigitte Leal du Centre Pompidou, et *Alice Guy Blaché: Cinema Pioneer* (2009). Directrice de la rédaction du magazine *Art in America* de 1974 à 1983 pour lequel elle continue d'écrire, Joan Simon a contribué à de nombreuses revues d'art contemporain telles que *Artpress*. Elle collabore également à des catalogues d'exposition, comme ceux consacrés à Robert Gober, Sheila Hicks, Joan Jonas, Annette Messager, Bruce Nauman, Fred Sandback, Lorna Simpson et Rosemarie Trockel. En 1994, elle dirige l'édition du catalogue raisonné et du catalogue *Bruce Nauman* parus dans le cadre de la rétrospective consacrée à l'artiste au Walker Art Center de Minneapolis.

Joan Simon is an independent curator, writer, and arts administrator. From 2004 to 2009, she was curator-at-large at the Whitney Museum of American Art and organized exhibitions such as *Alexander Calder: The Paris Years, 1926–1933* (2008), in partnership with Brigitte Leal of the Centre Pompidou, and *Alice Guy Blaché: Cinema Pioneer* (2009). From 1974 to 1983, she was managing editor of *Art in America*. She has also contributed to many contemporary art magazines, including *Artpress* and *Art in America*, as well as to exhibition catalogs, including those devoted to Robert Gober, Sheila Hicks, Joan Jonas, Annette Messager, Bruce Nauman, Fred Sandback, Lorna Simpson, and Rosemarie Trockel. In 1994, she was general editor of the exhibition catalog and catalogue raisonné *Bruce Nauman*, published in conjunction with a retrospective devoted to the artist at the Walker Art Center in Minneapolis.

Robert Storr

Robert Storr est artiste, critique et conservateur. De 2000 à 2012, il a été conservateur, puis conservateur supérieur responsable de la peinture et de la sculpture au Museum of Modern Art (MoMA) de New York. De 2002 à 2006, il a occupé la chaire Rosalie-Solow d'art moderne à l'institut de l'université de New York. Il est doyen de l'école d'art de l'université Yale depuis 2006. Il a été le premier conservateur du continent américain à être nommé directeur de la Biennale de Venise en 2007, et a également organisé des expositions en Australie, en Angleterre, au Brésil, au Japon, en Espagne et dans le reste des États-Unis. En 1991, il organise *Dislocations* au MoMA de New York, une exposition présentant de nouvelles installations des artistes Louise Bourgeois, Chris Burden, Sophie Calle, David Hammons, Ilya Kabakov, Bruce Nauman et Adrian Piper. L'œuvre *Anthro/Socio (Rinde Facing Camera)* y est notamment présentée pour la première fois. Auteur de nombreux livres et catalogues, il a été régulièrement publié dans *Art in America*, *Artforum*, *Artpress*, le *Corriere della Sera*, *Frieze* et *Parkett*. En 1994, il participe au catalogue raisonné et au catalogue *Bruce Nauman* dirigés par Joan Simon, parus dans le cadre de la rétrospective consacrée à l'artiste au Walker Art Center de Minneapolis puis présentée au MoMA en 1995.

Robert Storr is an artist, critic, and curator. From 2000 to 2012, he was Curator and then Senior Curator of Painting and Sculpture at the Museum of Modern Art (MoMA), New York. From 2002 to 2006, he served as the Rosalie Solow Professor of Modern Art at the Institute of New York University and he has been Dean of the Yale University School of Art since 2006. The first American-born curator to be named Director of the Venice Biennale (2007), he has also organized exhibitions in Australia, Brazil, England, Japan, and Spain as well as throughout the United States. In 1991, he organized *Dislocations* at the MoMA in New York, a major exhibition featuring new installations by artists Louise Bourgeois, Chris Burden, Sophie Calle, David Hammons, Ilya Kabakov, Bruce Nauman — notably the debut of *Anthro/Socio (Rinde Facing Camera)*, which appears in this exhibition — and Adrian Piper. The author of numerous books and catalogs, his writing has appeared in *Art in America*, *Artforum*, *Artpress*, *Corriere della Sera*, *Frieze*, and *Parkett*. In 1994, he contributed to the exhibition catalog and catalogue raisonné *Bruce Nauman* edited by Joan Simon, published in conjunction with a retrospective devoted to the artist at the Walker Art Center in Minneapolis, and presented that exhibition at the MoMA in New York in 1995.

Ci-contre / Opposite page :
Bruce Nauman, Nouveau-Mexique / New Mexico, 2008

Remerciements

La Fondation Cartier pour l'art contemporain exprime sa profonde reconnaissance à Bruce Nauman pour la confiance qu'il lui a témoignée tout au long de la préparation de cette exposition et pour son implication généreuse dans sa mise en œuvre.

Nous souhaitons exprimer notre gratitude tout particulièrement à Angela Westwater de Sperone Westwater à New York, pour son engagement et son dévouement dans la préparation de ce projet inédit.

La Fondation Cartier pour l'art contemporain adresse ses plus vifs remerciements aux prêteurs, sans la générosité desquels cette exposition n'aurait pu voir le jour : Maja Oeri, Emily et Mitchell Rales, ainsi que Angela Westwater.

Nous remercions chaleureusement Juliet Myers, Bruce Hamilton et Susanna Carlisle du Studio Bruce Nauman pour leur remarquable connaissance de l'œuvre de Bruce Nauman et leur indispensable présence à chaque étape du projet. Un remerciement particulier à Mr. Rogers.

Nous remercions également Samuel Clarke, Charlotte Gutzwiller, Remo Hobi, Brennan McGaffey, Maria Gabriela Mizes, Ali Nemerov, Steven O'Banion et Alex Schneider.

Nos plus sincères remerciements s'adressent aux contributeurs du catalogue : Joan Simon et Robert Storr pour leurs textes offrant une analyse approfondie de l'œuvre de Bruce Nauman. Sonya Dyakova pour la conception graphique de l'ouvrage, ainsi que Charlotte Hauser.

Acknowledgements

The Fondation Cartier pour l'art contemporain wishes to express its deep appreciation to Bruce Nauman for his trust during the preparation and realization of this exhibition.

We would especially like to express our gratitude to Angela Westwater from Sperone Westwater, New York, for her commitment and dedication in the preparation of this unique project.

The Fondation Cartier pour l'art contemporain expresses its warmest thanks to all the lenders whose generosity made this exhibition possible: Maja Oeri, Emily and Mitchell Rales, as well as Angela Westwater.

We extend our warmest thanks to Juliet Myers, Bruce Hamilton, and Susanna Carlisle from Studio Bruce Nauman for their remarkable knowledge of Bruce Nauman's work and their unfailing presence at each stage of the project. A special thanks to Mr. Rogers.

We also wish to thank Samuel Clarke, Charlotte Gutzwiller, Remo Hobi, Brennan McGaffey, Maria Gabriela Mizes, Ali Nemerov, Steven O'Banion, and Alex Schneider.

Our sincerest thanks are extended to the contributors to the catalog: Joan Simon and Robert Storr for their texts providing an in-depth analysis of Bruce Nauman's work.
Sonya Dyakova for the graphic design, as well as Charlotte Hauser.

Cet ouvrage est publié à l'occasion de l'exposition *Bruce Nauman* présentée à la Fondation Cartier pour l'art contemporain à Paris du 14 mars au 21 juin 2015.

This book was published on the occasion of the exhibition *Bruce Nauman*, presented at the Fondation Cartier pour l'art contemporain in Paris from March 14 to June 21, 2015.

Exposition / Exhibition

Commissaire de l'exposition / Exhibition Curator : Hervé Chandès

Commissaires associés / Associate Curators : Grazia Quaroni, Thomas Delamarre
Assistante de conservation / Assistant Curator : Margaux Bonopera

Production : Justine Aurian, Camille Chenet
Régie des œuvres / Registrar : Corinne Bocquet, Alanna Minta Jordan assistées de / assisted by Paola Sisterna
Régie générale / Technical Director : Christophe Morizot
Conception et réalisation audiovisuelle / Audiovisual Design : Gérard Chiron
Lumières / Lighting : Gerald Karlikow (conception / design), Victor Burel (régisseur / manager)

Sperone Westwater, New York : Angela Westwater, Alex Schneider
Studio Bruce Nauman : Juliet Myers, Bruce Hamilton, Susanna Carlisle

Catalogue / Catalog

Conception graphique / Graphic Design : Atelier Dyakova

Responsable éditoriale / Editor : Adeline Pelletier
Chargée d'édition / Publication Coordinator : Nolwen Lauzanne
Assistante d'édition / Editorial Assistant : Cécile Provost

Traduction française / French Translation : Thomas Chaumont (textes de / texts by Joan Simon), Christian Diebold (textes de / texts by Robert Storr)
Relecture française / French Proofreading : Marie Delaby
Relecture anglaise / English Proofreading : Bronwyn Mahoney

Fabrication / Production Manager : Géraldine Lay, Actes Sud, Arles
Photogravure / Photoengraving : Les Artisans du Regard, Paris

Fondation Cartier pour l'art contemporain

Président / President : Alain Dominique Perrin

Directeur Général / General Director : Hervé Chandès
Assistantes du Directeur Général / Assistants to the General Director : Pauline Duclos, Clara Boucheny assistées de / assisted by Naomi Soumahoro

Directrice de la programmation et des projets artistiques / Director of Programing and Artistic Projects : Isabelle Gaudefroy
Assistante de la directrice / Assistant to the Director : Justine Aurian

Senior Curator Head of Collections : Grazia Quaroni
Conservateurs / Curators : Thomas Delamarre, Leanne Sacramone, Ilana Shamoon
Responsable de la production des expositions / Head of Exhibition Production : Camille Chenet
Chargée de production / Exhibition Production : Victoire Guena
Régie des œuvres / Registrar : Corinne Bocquet, Alanna Minta Jordan assistées de / assisted by Doriana Capenti, Paola Sisterna
Régie technique / Technical Registrar : Gilles Gioan
Jardinier / Gardener : Metin Sevrin

Les Soirées Nomades / Nomadic Nights : Mélanie Alves de Sousa assistée de / assisted by Clara Achache

Responsable des éditions / Head of Publications : Adeline Pelletier
Chargée d'édition / Publication Coordinator : Nolwen Lauzanne
Assistante d'édition / Editorial Assistant : Cécile Provost
Assistante photothèque / Photo Library Assistant : Lola Carsault

Directrice de la communication et du développement / Communications and Development Director : Sonia Perrin
Responsable des relations média et des relations publiques / Promotion, Partnerships, and Events Coordinator : Laurène Blottière
Chargée de projets communication et développement / Communication and Development Projects : Johanne Legris
Responsable de la communication éditoriale / Head of Editorial Communications : Pierre-Édouard Couton assisté de / assisted by Lucile Guyomarc'h, Tiffany Thomas

Digital Manager : David Desrimais assisté de / assisted by Matthieu Anderson

Presse / Press : Matthieu Simonnet assisté de / assisted by Maïté Perrocheau

Directrice administrative et financière / Administrative and Financial Director : Aideen Halleman
Adjointe de la Directrice / Assistant to the Director : Zoé Clémot
Comptabilité, gestion du personnel / Accounting, Human Resources : Fabienne Pommier assistée de / assisted by Jade Bouchemit
Assistante administrative / Administrative Assistant : Aurore Guilbaud
Responsable du service des publics et de la librairie / Head of the Bookshop and Visitor Services : Vania Merhar assistée de / assisted by Caroline Godin
Chargée des publics / Visitor Services : Isabelle Fauvel

L'exposition *Bruce Nauman* est organisée avec le soutien de la Fondation Cartier pour l'art contemporain, placée sous l'égide de la Fondation de France, et avec le parrainage de la société Cartier.

The exhibition *Bruce Nauman* is organized with support from the Fondation Cartier pour l'art contemporain, under the aegis of the Fondation de France, and with the sponsorship of Cartier.

Toutes les œuvres / All works :
© Bruce Nauman / Adagp, Paris 2015

Crédits photographiques / Photographic credits :

Couverture / Cover : photo Luc Boegly
p. 6–13 : photos © Luc Boegly
p. 14–15 : photos courtesy Sperone Westwater, New York
p. 16–19 : photos © Luc Boegly
p. 20–21: photos courtesy Studio Bruce Nauman
p. 26 (1) : photo © designboom
p. 26 (2) : LACMA, Los Angeles, photo courtesy Sperone Westwater, New York
p. 35–37 : photos © Luc Boegly
p. 38–39 : photos courtesy Studio Bruce Nauman
p. 40–45 : Kravis Collection, photos courtesy Sperone Westwater, New York
p. 46–47 : photos courtesy Studio Bruce Nauman
p. 53 (1, 2) : photos courtesy Sperone Westwater, New York
p. 54–63 : photos © Luc Boegly
p. 64–65 : photos © Thomas Salva / Lumento
p. 66 : photo courtesy Gemini G.E.L.
p. 67 : Collection privée, Paris, photos © André Morin
p. 68 : photo courtesy Studio Bruce Nauman
p. 69 : Kunstsammlung Nordrhein-Westfalen, Düsseldorf, Archiv der Galerie Konrad Fischer, photo © Achim Kukulies
p. 70 (1) : Collection Museum of Contemporary Art, Chicago, Gerald S. Elliot Collection, photo courtesy KW Institute for Contemporary Art, Berlin Biennale for Contemporary Art
p. 70 (2) : Digital Image © 2015, The Museum of Modern Art, New York, photo SCALA, Florence
p. 73 (3, 4) : photos courtesy Electronic Arts Intermix (EAI), New York
p. 74 : photo © Thomas Salva / Lumento
p. 79–85 : photos © Luc Boegly
p. 86–93 : photos courtesy Sperone Westwater, New York
p. 94 (1) : Hirshhorn Museum and Sculpture Garden, Smithsonian Institution, Holenia Purchase Fund, in memory of Joseph H. Hirshhorn, 1991, photo © Lee Stalsworth
p. 94 (2) : Hirshhorn Museum and Sculpture Garden, Smithsonian Institution, photo courtesy Sperone Westwater, New York
p. 97 (3) : photo © Raussmüller Collection
p. 97 (4) : The Museum of Modern Art, New York, photo courtesy Sperone Westwater, New York
p. 98–103 : photos © Thomas Salva / Lumento
p. 104–107 : photos © Luc Boegly
p. 108–109 : photos courtesy Studio Bruce Nauman
p. 110–111 : courtesy Philadelphia Museum of Art, photos © Pasquale Barisano
p. 112–113 : photos courtesy Studio Bruce Nauman
p. 114 : photo © INHA, Dist. RMN – Grand Palais / Martine Beck-Coppola
p. 115 : photo courtesy Castelli Gallery, New York
p. 116 (1) : Gift of the Artist, The Fine Arts Collection, University of California, Davis, photo courtesy of The Fine Arts Collection, University of California, Davis
p. 116 (2) : Philadelphia Museum of Art, photo courtesy Sperone Westwater, New York
p. 118 (3, 4) : courtesy Electronic Arts Intermix (EAI), New York
p. 118 (5) : photo Light Blue Studio, courtesy Craig F. Starr Gallery
p. 122–126 : photos Sidney B. Felsen © 1998, 1983, 1981, 1980
p. 130 : photo © Jason Schmidt

Ouvrage reproduit et achevé d'imprimer en avril 2015 par l'imprimerie Artegrafica, Vérone, Italie.

Fondation Cartier pour l'art contemporain
261 boulevard Raspail, 75014 Paris
fondation.cartier.com
ISBN 978-2-86925-117-5

Distributed in the United States of America by Thames & Hudson Inc.,
500 Fifth Avenue, New York,
New York 10110

thamesandhudsonusa.com

ISBN 978-2-86925-117-5

Library of Congress Catalog Card Number 2014959474

Distributed in all other countries, excluding France, by Thames & Hudson Ltd,
181A High Holborn,
London WC1V 7QX

www.thamesandhudson.com

ISBN 978-2-86925-117-5

Printed and bound in Italy